文库

丛书主编 郑毅

雷溪草堂诗集

马长海 撰

杨开丽 校注

吉林文史出版社

图书在版编目（CIP）数据

雷溪草堂诗集/（清）马长海撰；杨开丽校注.-- 长春：吉林文史出版社,2021.1
（长白文库）
ISBN 978-7-5472-7582-5

Ⅰ.①雷… Ⅱ.①马… ②杨… Ⅲ.①古典诗歌—诗集—中国—清代 Ⅳ.① I222.749

中国版本图书馆 CIP 数据核字 (2020) 第 253738 号

雷溪草堂诗集
LEIXI CAOTANG SHIJI

出 品 人：张　强
撰　　 者：（清）马长海
校　　 注：杨开丽
丛书主编：郑　毅
本集校注：李贺来
责任编辑：程　明　高丹丹
装帧设计：尤　蕾
出版发行：吉林文史出版社有限责任公司
电　　 话：0431-81629369
地　　 址：长春市福祉大路出版集团A座
邮　　 编：130117
网　　 址：www.jlws.com.cn
印　　 刷：吉林省优视印务有限公司
开　　 本：170mm×240mm　1/16
印　　 张：14
字　　 数：280千字
版　　 次：2021年1月第1版　2021年1月第1次印刷
书　　 号：ISBN　978-7-5472-7582-5
定　　 价：138.00元

《长白文库》编委会

《长白文库》总序

中华优秀传统文化是中华民族的"根"和"魂",习近平总书记高度重视中华优秀传统文化,并将其作为治国理政的重要思想文化资源。"不忘本来才能开辟未来,善于继承才能更好创新。""优秀传统文化是一个国家、一个民族传承和发展的根本,如果丢掉了,就割断了精神命脉。"中华优秀传统文化具有多样性和地域性等特征,东北地域文化是多元一体的中华文化中的重要组成部分。吉林省地处东北地区中部,是中华民族世代生存融合的重要地区,素有"白山松水"之美誉,肃慎、扶余、东胡、高句丽、契丹、女真、汉族、满族、蒙古族等诸多族群自古繁衍生息于此,创造出多种极具地域特征的绚烂多姿的地方文化。为了"弘扬地方文化,开发乡邦文献",自 20 世纪 80 年代起,原吉林师范学院李澍田先生积极响应陈云同志倡导古籍整理的号召,应东北地区方志编修之急,服务于东北地方史研究的热潮,遍访国内百余家图书馆寻书求籍,审慎筛选具有代表性的著述文典 300 余种,编撰校订出版以《长白丛书》(以下简称《丛书》)为名的大型东北地方文献丛书,迄今已近 40 载。历经李澍田先生、刁书仁和郑毅两位教授三任丛书主编,数十位古籍所前辈和同人青灯黄卷、兀兀穷年,诸多省内外专家学者的鼎力支持,《丛书》迄今已共计整理出版了 110 部 5000 余万字。《丛书》以"长白"为名,"在清代中叶以来,吉林省疆域迭有变迁,而长白山钟灵毓秀,蔚然耸立,为吉林名山,从历史上看,不咸山于《山海经·大荒北经》中也有明确记录,把长白山当作吉林的象征,这是合情合理的。"(《长白丛书》初版陈连庆先生序)

1983 年吉林师范学院古籍研究所(室)成立,作为吉林省古籍整理与研究协作组常设机构和丛书的编务机构,李澍田先生出任所长。全国高校古籍整理工作委员会、吉林省教委和省财政厅都给予了该项目一定的支持。李澍田先生是《丛书》的创始人,他的学术生涯就是《丛书》的创业史。《丛书》能够在国内外学界有如此大的影响力，与李澍田先生的敬业精神和艰辛努力是分不开的。《丛书》创办之始，李澍田先生"邀集吉、长各地的中青年同志，乃至吉林的一些老同志，群策群力，分工合作"（初版陈序），寻访底本，凤兴夜寐逐字校勘，联络印刷单位、寻找合作方，因经常有生僻古字，先生不得不亲自到车间与排版工人拼字铸模；吉林文史出版社于永玉先生作为《丛书》的第一任责编，殚精竭虑地付出了很多努力，为《丛书》的完成出版做出了突出贡献；原古籍所衣兴国等诸位前辈同人在辅助李澍田先生编印《丛书》的过程中，一道解决了遇到的诸多问题、排除了诸多困难，是《丛书》草创时期的重要参与者。《丛书》自 20 世纪 80 年代出版发行以来，经历了铅字排版印刷、激光照排印刷、数字化出版等多个时期，《丛书》本身也称得上是改革开放以来中国印刷史的见证。由于《丛书》不同卷册在出版发行的不同历史时期，投入的人力、财力受当时的条件所限，每一种图书的质量都不同程度留有遗憾，且印数多则千册、少则数百册，历经数十年的流布与交换，有些图书可谓一册难求。

1994 年，李澍田先生年逾花甲，功成身退，由刁书仁教授继任《丛书》主编。刁书仁教授"萧规曹随"，延续了《丛书》的出版生命，在经费拮据、古籍整理热潮消退、社会关注度降低的情况下，多方呼吁，破解困局，使得《丛书》得以继续出版，文化品牌得以保存，其功不可没。1999 年原吉林师范学院、吉林医学院、吉林林学院和吉林电气化高等专科学校合并组建为北华大学，首任校长于庚蒲教授力主保留古籍所作为北华大学处级建制科研单位，使得《丛书》的学术研究成果得以延续保存。依托北华大学古籍所发展形成的专门史学科被学校确定为四个重点建设学科之一，在东北边疆史地研究、东北民族史研究方面形成了北华大学的特色与优势。

2002 年，刁书仁教授调至扬州大学工作，笔者当时正担任北华大学图书馆馆长，在北华大学的委托和古籍所同人的希冀下，本人兼任古籍所所长、《丛书》主编。在北华大学的鼎力支持下，为了适应新时期形势的发展，出于拓展古籍研究所研究领域、繁荣学术文化、有利于学术交流以及人才培养工作的实际需要，原古籍研究所改建为东亚历史与文献研究中心，在保持原古籍整理与研究的学术专长的同时，中心将学术研究的视野和交流渠道拓展至东亚地域范围。同时，为努力保持《丛书》的出版规模，我们以出文献精品、重学术研究成果为工作方针，确保《丛书》学术研究成果的传承与延续。

在全方位、深层次挖掘和研究的基础上，整套《丛书》整理与研究成果斐然。《丛书》分为文献整理与东亚文化研究两大系列，内容包括史料、方志、档案、人物、诗词、满学、农学、边疆、民俗、金石、地理、专题论集 12 个子系列。《丛书》问世后得到学术界和出版界的好评，《丛书》初集中的《吉林通志》于 1987 年荣获全国古籍出版奖，三集中的《东三省政略》于 1992 年获国家新闻出版总署全国古籍整理图书奖，是当年全国地方文献中唯一获奖的图书。同年，在吉林省第二届社会科学成果评奖中，全套丛书获优秀成果二等奖，并被国家新闻出版总署列为"八五"计划重点图书。1995 年《中国东北通史》获吉林省第三届社会科学优秀成果二等奖。2005 年，《同文汇考中朝史料》获北方十五省（市、区）哲学社会科学优秀图书奖。

《丛书》的出版在社会各界引起很大反响，与当时广东出现的以岭南文献为主的《岭南丛书》并称国内两大地方文献丛书，有"北有长白，南有岭南"之誉。吉林大学金景芳教授认为"编辑《长白丛书》的贡献很大，从《辽海丛书》到《长白丛书》都证明东北并非没有文化"。著名明史学者、东北师范大学李洵教授认为："《长白丛书》把现在已经很难得的东西整理出来，说明东北文化有很高的水准，所以丛书的意义不只在于出了几本书，更在于开发了东北的文化，这是很有意义的，现在不能再说东北没有文化了。"美国学者杜赞奇认为"以往有关东北方面的材料，利用日文资料很多。而现在中文的《长白丛书》则很有利于提高中国东北史的研究"（《长白丛书》出版十周年纪念会上的发言）。中国社会科学院边疆史地研究中心主任厉声研究员认为："《长白丛书》已经成为一个品牌，与西北研究同列全国之首。"（1999 年 12 月在《长白丛书》工作规划会议上的发言）目前，《长白丛书》已被收藏于日本、俄罗斯、美国、德国、英国、加拿大、澳大利亚、韩国及东南亚各国多所学府和研究机构，并深受海内外史学研究者的关注。

为了更好地传承和弘扬优秀地域文化，再现《丛书》在"面向吉林，服务桑梓"方面的传统与特色，2010 年前后，我与时任吉林文史出版社社长的徐潜先生就曾多次动议启动出版《长白丛书精品集》，并做了相应的前期准备工作，后因出版资助经费落实有困难而一再拖延。2020年，以十年前的动议与前期工作为基础，在吉林省省级文化发展专项资金的资助下，北华大学东亚历史与文献研究中心与吉林文史出版社共同议定以《长白丛书》为文献基础，从《丛书》已出版的图书中优选数十种具有代表性的文献图书和研究著述合编为《长白文库》加以出版。

《长白文库》是在新的历史发展时期对《长白丛书》的一种文化传承和创新，《长白丛书》仍将以推出地方文化精华和学术研究精品为目标，延续东北地域文化的文脉。

《长白文库》以《长白丛书》刊印40年来广受社会各界关注的地方文化图书为入选标准，第一期选择约30部反映吉林地域传统文化精华的图书，充分展现白山松水孕育的地域传统文化之风貌，为当代传统文化传承提供丰厚的文化滋养，是一件功在当代、利在千秋的文化盛举。

盛世兴文，文以载道。保存和延续优秀传统文化的文脉，是人文社会科学研究者的社会责任和学术使命，《长白丛书》在创立之时，就得到省内外多所高校诸多学界前辈的关注和提携，"开发乡邦文献，弘扬地方文化"成为20世纪80年代一批志同道合的老一辈学者的共同奋斗目标，没有他们当初的默默耕耘和艰辛努力，就没有今天《长白丛书》这样一个存续40年的地方文化品牌的荣耀。"独行快，众行远"，这次在组建《长白文库》编委会的过程中，受邀的各位学者都表达了对这项工作的肯定和支持，慨然应允出任编委会委员，并对《长白文库》的编辑工作提出了诸多真知灼见，这是学界同道对《丛书》多年情感的流露，也是对即将问世的《长白文库》的期许。

感谢原吉林师范学院、现北华大学40年来对《丛书》的投入与支持，感谢吉林文史出版社历届领导的精诚合作，感谢学界同人对《丛书》的关心与帮助！

郑　毅

谨序于北华大学东亚历史与文献研究中心

2020年7月1日

目　录

五　言　古

七　言　律

五言排律

五 言 绝

七 言 绝

前　言

　　清代从满族入主中原起，就由统治者倡导学习汉族文化，从而产生了为数不少的诗人。这些来自白山黑水间的北方少数民族文人，步入诗坛，虽有不少持扯古人陈章旧句以标榜"唐音宋调"，实际无甚新意的作品；但就中也不乏诗艺高超的有识之士能学古出新，在总结继承前人成就的基础上创作了大量佳作。他们的诗，在思想内容或艺术风格上都有明显特色，给古老的中华民族文化增加了新的光彩。长白诗人马长海，就是其中的一员。

　　马长海，那兰氏，字汇川，号清痴。生于清康熙十六年（1667 年），卒于乾隆九年（1744 年）。《永吉县志》收李锴撰《马山人传》载："先世为乌拉部长，其高祖苏伯海率所部归清，太祖高皇帝授都堂。父马期，累官都统，以平滇功晋镇安将军守滇。伯叔兄弟并后先登显秩。"《县志》的案语又补充说："八旗通谱，苏伯海作苏巴海。都统、镇安将军马期作马缉，乃哈达国之后。李锴，马山人传乃作先世为乌拉部长，殆上溯哈达未建国时言欤。"

　　马长海生活在康乾盛世钟鸣鼎食之家，自幼受着传统的儒家教育。像他这样的出身，本可循着"修身齐家治国平天下"的道路"学而优则仕"登入仕途。但当他怀着深重的忧患意识和炽热的爱国之心来观察国家社稷、关心民生民瘼时，却在文网密布、吏治已趋败坏的封建社会里看到了官场腐败、冤狱迭起的黑暗现实。这时，传统文化中的孤介不阿、清峻高尚的为人准则在他的内心深处占据了主导地位。终于，诗人在行动上，放弃仕宦道路，取道家"越名教而自然"的态度，转而一生不仕、布衣始终。"一榻琴书"，寄情山水，中岁幽居易水之雷溪，晚年寂处长安之委巷，与当时的一些名士往来唱和。他的社会实践和诗歌创作，明显地呈现出这样鲜明的思想脉络。

（一）对"真"的社会渴望求索

马长海生活在政治风云万变、统治阶级倾轧剧烈的时代。为了追求"真"的社会和美的人格，在"伯叔兄弟并后先登显秩"的情况下，"初肄举子业，非所好，弃去。继以滇安功予荫，又不就。其伯氏为之请民部后库使，檄下矣，长海始知之，复坚卧不肯起"。（《马长海传》）在马长海看来，辞官不就、布衣始终，就是追求"真"的义举。他仰慕古代的隐士，写下很多诗篇热情讴歌他们。诸如："曩时有哲人，闭影华阳居。粲粲金精饭，浑浑玉录书。神仪擅丘壑，喜听松风虚。大药赐帝庭，天风吹珮琚。拱手领宰相，掉头仍山庐。白云何怡悦，玄鹤何容与。千古仰德音，缅焉思其余。"（《陶隐居》）他敬佩现实的隐居者，与他们情深谊厚，往来唱和。与长海、戴亨共称"辽东三老"的李锴就是诗人挚友。李的岳父是太傅索额图，声势隆赫。可是李锴本人却远避权倾一时的亲长，"当得官"而不就，弃世袭之职而退隐于盘山山谷。长海与他过从甚密，多次共游，写下《登盘山》《中秋盘山绝顶看月》《盘山》《晾甲石》《卫公庵》《盘泉》等诗篇。

在长海心目中，隐居是保存"真"的唯一途径。对此，他曾写下许多诗篇。诸如：

"老屋寒山里，门当湖水清。药香红术熟，书卷白蟫轻。鹿踏秋篱破，云归野树平。著书千万卷，世人不知名。"（《太湖西山隐者》）诗人追求的是一种"削迹捐势、摆落衣冠"（刘承干《雷溪草堂诗·序》），彻底冲破官场樊笼束缚的自由生活。

（二）对"朴"的生活深沉眷恋

马长海奉行"返璞归真""抱朴守静"的人生宗旨，追求思想和个性的超脱，以求得内心的调和与个性的自由。他的《和万授一见寄》和《娄山幽居寄唐静岩》等诗作就充分体现了这种追求。

"醉翁曾著归田录，君得归田是上乘。龙井云香双涧水，虎林梅破一溪冰。稻秧蚕叶民生在，社酒春灯乐事仍。天下于今谁好士，一韝闲系九秋鹰。""数峰青峭俯堂坳，好鸟和鸣春夏交。酒榼渔竿闲访处，一溪修竹读书巢。"

在这两首小诗中，诗人描绘出两幅恬静闲适而又生机盎然的山野隐居图。这状物清新、抒情朴实的诗句，是诗人崇尚自然的质朴情怀与山野淳朴的本质冥会妙合的结果，是诗人返璞心理感情震颤的反映。

（三）对建功立业的热情讴歌

马长海虽然是一位终身不仕的隐士，为人处世恬淡静穆，似乎与世无争，但他于世事并没有淡漠处之，却不时地抒发为国建功立业的豪情壮志。欣闻宁远大将军岳钟琪西征准噶尔凯旋，挥笔写下：

"闻道王师振旅还，强胡效顺帝恩颁。云飘组练归榆海，花满弓刀入玉关。金殿香风齐虎拜，珠帘霁日识龙颜。预知大将论功日，第一全军返雪山。"

《国朝诗别裁集》载："汇川遗弃缨绂，意气自豪，尝遇之琛亭都统。席间，时琛亭防秋，汇川脱鱼肠剑赠之，悲歌慷慨。"他充满激情地写道：

"朱鹭军中乐，黄芦塞外笳。书生上麟阁，慈母在京华。旗卷龙堆雪，诗吟雁碛沙。归来先介寿，天酒酌流霞。"（《送阿琛亭统领防秋塞外》）可见，他是一个具有广阔胸怀的爱国志士，他的体内仍然奔流着乃祖乃宗的金戈铁马、骑射尚武、渴望功业的滚烫热血。在他身上儒家的平和冲远、坦诚真率、主张入世的思想，和道家的旷达任放、野鹤闲云、主张出世的行为结合得如此紧密，构成他性格的矛盾，同时也丰富了他写诗的风格。

（四）对贫民生活的关心

长期的隐居生活使长海较易接近民众，尤其因为他"既不事生产，家遂中落"。"衣食或不给"（《永吉县志·马长海传》），这使得他更能体察下层人民疾苦。《马长海传》记载："尝袭裘往吊所亲刘氏丧，刘氏贫，事不办。长海济之，解其裘。"在秋雨连绵、"阳景闭藏"，眼看秋收无望的情况下，诗人目睹"横流倒泻深泥滓，当轩半落秋江水。东家西家似渔舟，我屋直如鸥鹭浮"。焦虑着"日愁蒸薪爨难给，夜移床榻避淋湿"。悲怆地呼喊："天乎！天乎！毋使秋原绝民粒。"（《苦雨》）。诗人关注的不是个人一家的苦痛安危，而是整个社会的民生、民计。长海这种忧国忧民的情感，在这首诗中表现得淋漓尽致。在《秋村怀友》一诗中，诗人以质朴的情感、清新的笔调，描写与一位普通农民交往的情景。

"故交不可见，田父日相亲。添犊牛栏喜，谈经马肆新。溪钟长啸侣，风叶叩关人。感慨思良友，情言谁更论。"

在一气呵成的八首《渔家词》中，诗人倾注了对劳动生活的热爱和对渔人疾苦的关心，唱出"一声水调无人唱，除是渔人那得知""渔社渔人议渔事，忘机更有信天翁"的歌。

（五）对自然之物寄情言志

咏物诗一直都有着借物言志的传统，马长海也常常采用这种手法，以表现自己的理想和追求。他热爱大自然，更热爱那些山花、苍松、翠竹、梅花、飞鸟等物，爱它们的品质，并将其人格化地写入诗章。

在诗人笔下寒梅傲雪、山花弥谷、青松苍龙、飞鸟凌空，这些坚贞不屈、挺拔苍劲、凌空翱翔、自由嬉戏的生物形象，正是长海孤介拔俗的人格象征，同时又是他隐居的艺术写照。在这些静态与动态的自然物中，诗人把自己内心的崇高理想倾注于外物之上，使外物的生命更活跃，情趣更丰富；同时，诗人也汲取外物的生命与情趣来扩大自己的理想境界，融自我于外物之中，从而再现自己的理想。值得一提的是他的《枣花》，专咏北方常见的"大树小树家家开""密如金桂攒黄萼，碎似丁香拆绿蓓"的枣花，这不仅因为枣花有清新的幽香，而且它还能结成果实，"一斗可易十升米"，穷苦的平民百姓可用枣子换米充饥。诗人从这一角度来歌颂北方的枣花，构思新颖，悯农意识溢于言表。

（六）对历代诗人的恰评

清代诗论之风大盛，诗话作者如林，论诗的诗篇也空前繁多。大凡论历代诗人的诗章，多效元遗山《论诗绝句》的路子。马长海的四十七首《论诗绝句》，是这些论诗诗中颇有特色的佳作。如论评陶潜：

"栗里风开淡穆春，一吟一字总天真。义熙尚有关心事，岂便羲皇以上人。"较之龚自珍《己亥杂诗》中类似的评断，长海要早他一百多年。又如论宋代欧、梅、苏、黄说"欧似昌黎无古奥。梅如东野有清奇。空江白鹤风人旨,清庙朱弦大雅词""扶摇九万一微尘,太白风流五百春。楼阁空中弹指现,恐教百态乱天真""豫章孤诣本天成,一旅提来破一城。隔代无人见曾柳,任教老气九州横。"

论南宋诗人陆游、严羽为:"针线天工苦绣春,放翁曾不费精神。如何又阐诗家秘,不独穷人亦瘦人。""神清韵胜乃天然,有似云山断复连。契入沧浪微妙旨,拈来便不落言诠。"

评价明代诗人李梦阳为"金丹换骨须能手,中州只有李空同"。称明代诗人程嘉燧之七律"绵丽清新最上乘""一片云英全化儿,称来契入玉壶冰"……无不独具只眼,鞭辟入里,诗也熨帖清圆,富有韵味,是清人论诗诗中的珍品。

长海一生,"冲远任真趣,囊括一切,了无容心"。"博古多识,嗜金石书画,当意则倾箧购之"。居室"悬画四壁,对之吟讽。其诗矩矱古人而不胶于固。断句尤冠绝一时,声称籍甚。王公贵族争与识之,而长海落落任放如故云"。(《永吉县志·马长海传》)

马长海一生所作甚丰,惜多有散失,所幸敬斋主人"缀辑残篇,以付之剞劂",使《雷溪草堂诗集》得以流传。这正是诗人所希望的"臣已自甘贫贱老,诗文幸勿委泥沙"(《祀灶》)在今天得到实现。

本集采自吴兴刘氏嘉业堂刊本,书题为溥良题签,由吉林市图书馆杨开丽女士标注,刘乃中、夏润生、金国泰、李澍田诸位先生审正。

编者

1991 年 10 月

序一

　　洵是高人，不碍云宵之上；无多诗思，偏宜风雪之中。既闻弦而赏音，乃凭文而累德。汇川马君，从龙世选，放鹤情亲。一榻琴书，岂屑美官多得；全家轩冕，何妨敝屣如遗。托渺渺兮予怀，溯亭亭于物表。于是三层阁上，高揖真灵；百尺楼头，浑忘田舍。手挥目送，坐收群雅之材；意惬神飞，大得幽居之趣。有会心于鱼鸟，皆托兴于笺毫。信手拈来，都无俗谛；旷怀高寄，犹是天真。协水竹之笙簧，谱云山之韶濩。写元声于象外，知非率尔操觚①；落片语于人间，遂复裒然成集。殆所谓才缘品立，不假陶熔，艺以神超，全归淡定者也。余每叩元亭，屡闻高唱；感昔游之如昨，幸遗草之仅存；爰付雕工，并标弁语。夫中郎②已殁，尚有虎贲③；第五④知名，何关骠骑。但恐排云甲第，难寻高士之庐；庶几负郭⑤板桥，共识诗人之墓云尔。

乾隆甲子秋八月敬斋主人书

①操觚：觚，古代用来书写的木简。操觚即落笔写文章。

②中郎：指东汉文学家、书法家蔡邕。董卓专权时，被任为侍御史，官左中郎将。

③虎贲：指东汉末学者孔融，曾任虎贲中郎将。

④第五：复姓。指东汉时的第五伦，素以正直廉洁著称。

⑤负郭：负，背倚；郭，外城。指靠近城郭的墓地。

序二

昔欧阳子谓："诗人穷而益工。"此特以肖都官之生平，非以概天下后世之能诗者。诗固出乎穷达之外，而根于性灵。虽揉磨铄革，其真难掩；既葆其真，可品其人。余观晓亭①氏所为《汇川传略》并汇川所为诗若干卷，惜未识其人；且悲其人之既逝，又深幸其诗之以人重，而人更昌其诗也。汇川生于勋旧，高爵厚禄，其所自有，乃好读书；浮云富贵，胸际浩浩，不知有王公大人，亦不知有山农石隐。盖矕然不滓②之怀，魁杰崛宕，擅秀孕奇，发于流峙之间；球锽激韵，露生以灵，冲襟以旷，有自得其为汇川者。敬斋主人闻而慕之，引为布衣交，时长揖上座。此岂兔园③宾客，桂树文章④，仅以秘思妍辞相尚者耶，盖日华客馆，远可希踪已；而彼汇川者，且安之忘之，视茆壤桐圭⑤无异。田坳林麓，不移其志以终老，并无白傅⑥岸谷之思，以冀后之知有此人；岂复知有人古心高义，无改于存没，且缀缉残篇，以付之剞劂⑦氏，托彼片羽、阐其幽光。穷欤达欤，两无所系，而诗亦于是而传。呜呼！人固有身后而名益彰者，不必自求显也。爰书弁以行之。

时乾隆甲子重阳后三日西林鄂尔泰[8]撰

①晓亭：清宗室赛尔赫之字。累官总督仓场侍郎，其诗气格清旷。

②皭然不滓：洁白、干净。《史记·屈原贾生列传》："皭然泥而不滓者也。"

③兔园：园名，汉梁孝王所筑。后称"梁苑"，亦称"梁园"。故址在今河南商丘县东。

④桂树文章：指科举应试之文章。

⑤桐圭：削桐叶为圭。本指周成王戏以桐叶作圭，以封其弟唐叔虞。

⑥白傅：指唐代著名诗人白居易。

⑦剞劂：雕版，指刻书。韩愈《送文畅师北游》："先生闷穷巷，未得窥剞劂。"

⑧鄂尔泰：姓西林觉罗氏，字毅庵，奉天（今沈阳）人。康熙己卯举人，官至大学士。

序三

诗岂易言哉。近世作者，繁响自奏，缛彩竞铺，徒以风物导宣，烟墨驱染，甚无谓也。昔子长①有云，诗以道性情，盖必灵均②志洁③，称物乃芳；元亮④趣高，造怀斯远。余尝窥观篇籍、品骘古今，求乎其人、渺焉难遇，今得之于汇川先生矣。先生元功世胄、生自鼎门，曾以荫补民部，高谢不顾。捧檄而喜，嗤毛义之养亲；凿垣而遁，类颜阖⑤之避聘。此其削迹捐势、摆落衣冠，非孤介拔俗者能如斯乎。性耽幽静，爱易水之雷溪，筑大钵庵居焉。晚岁寂处长安，益用韬伏。孝标隐曜，甘自岩栖⑥；仲蔚穷居，何妨径没⑦。盖惟全真葆素，独为尘外之游，故其诗性灵熔匠，吐言天拔。越石⑧振清刚之气，灵运⑨骋高洁之辞，所谓文如其人者非耶。重以宏览博闻，笁⑩嗜名画。烟云涉趣，作少文之卧游⑪；林泉寄闲，得淳夫⑫之高致。尝一日出，睹异籍叹为矜秘，解衣易之，忘其寒冽。往者常景⑬勤求，岂知问价；谢侨宁饿，只愿留书⑭。以观先生不惟研精图史，乐我衡门⑮；任情率真，复乎莫尚。先生论诗绝句，规仿遗山⑯，绎其意旨，归于逸韵天成；自道心得，是可知其风格所在矣。呜呼！文彩磨灭，今昔同悲。以先生之诗，冲襟远标，胜气直上。怀古则白云遐契；述游则绿雨豪吟。馨逸自成，卓哉可传。余每执玩讽诵，悠然意远，相赏松石、辄有思话之怀。独惜祖莹[17]雅篇，自出机杼；子山[18]落简，几入尘埃；莫为之后，虽美弗彰，不胜重有慨已。

庚申三月麦生日吴兴刘承干

① 子长：西汉史学家、文学家司马迁之字。

② 灵均：战国楚大诗人屈原之字。

③ 志洁，《史记·屈原贾生列传》"其志洁，故其称物芳"。

④ 元亮：晋文学家陶潜之字。

⑤ 颜阖：战国鲁人，守道不仕。鲁君遣使致币，阖曰："恐听误而遗使者罪，不若审之。"使者还问复来，求之则不得矣。

⑥ 孝标隐曜，甘自岩栖：南朝梁学者、文学家刘峻，字孝标。家贫好读书，天监初典校秘书，后任荆州户曹参军。后隐居东阳紫岩山讲学以终，曾为《世说新语》作注而名传后世。

⑦ 仲蔚穷居，何妨径没：后汉人张仲蔚常居穷素，闭门养性，不治荣名，所居之处蓬蒿没人。

⑧ 越石：晋将领、诗人刘琨之字。

⑨ 灵运：南朝宋诗人谢灵运。

⑩ 竺：通"笃"。

⑪ 少文之卧游：少文即南朝宋人宗炳之字。炳工书画，隐居不仕，好游山水。后因病还江陵，将所历山水绘于室中，曰："老病俱至，名山恐难遍睹，惟当澄怀观道，卧以游之。"

⑫ 淳甫：北宋史学家范祖禹之字。

⑬ 常景：曹魏曹爽之孙，字永昌。

⑭ 谢侨宁饿，只愿留书：谢侨，南朝梁人，字国美。侨素贵，尝一朝无食，其子欲以班史质钱，答曰："宁饿死，岂可以此充食乎！"

⑮ 衡门：横木为门，喻简陋的房屋，后借指隐者所居。

⑯ 遗山：金文学家元好问别号。

⑰ 祖莹：北魏人，字元珍。少时好学，及长，以文学见重。

⑱ 子山：南北朝著名文人庾信之字。

马山人传

马长海，氏那兰、字汇川，清痴其号也。先世为乌拉部长。其高祖苏伯海率所部归我太祖高皇帝，授都堂。父马期，累官都统，以平滇功，晋镇安将军，守滇。伯叔兄弟并后先登显秩。山人初肄举子业，非所好，去。继以滇安功予荫，又不就。其伯氏为之请补民部后库。使檄下矣，山人始知之，复坚卧不肯起。母太夫人怪之。山人曰："库使司帑，藏，岁丰入，惧及焉。逃死，非逃富也。"太夫人贤，听之，遂布衣终其身。山人冲远①任真趣，囊括一切，了无容心。遇佳客，每娓娓谈，再叩之，则忘之矣。杖笠有所如，行辄遗之，不觉也。博古多识，辨金石器往往而中；酷嗜画，当意则倾箧购之。尝袭衣裘往吊所亲刘氏丧。刘氏贫，事不办，山人济之，解其裘。归途见未见书，买之，解其衣，由是中寒疾，乃夷然伏枕曰："获多矣。"山人既不事生产，家遂中落，然衣食或不给，而所好未或移，臧获②别有所之者，听。大司寇巢可托③寄斋、牧山居士图清格④月坡并有别墅，据佳胜，每迟山人至，辄林陬水涯相探索，或篝灯命酒，商榷所闻。长安传之，举以为佳事云。山人中岁爱易水之雷溪，筑大钵庵，复自号雷溪居士、大钵庵主。晚入长安，居委巷，又颜其阁曰："玉衡"，悬画四壁，对之吟讽。其诗矩矱古人而不胶于固。断句尤冠绝一时，声称籍甚。王公贵游争欲识之，而山人落落任放如故云。乾隆九年三月卒，年六十有七。

同学弟李锴[5]顿首拜

① 冲远：谦和、淡泊，志趣高远。

② 臧获：仆人。

③ 巢可托：清满洲正蓝旗人。字素侯，又字寄斋。著有《花雨松涛阁诗》。

④ 图清格：清满洲正红旗人。字牧山，号月坡、又号牧山老人。

⑤ 李锴：字铁君，号眉山，又号豸青山人，奉天铁岭人。雅好诗文，与戴亨、陈景元（一说与戴亨、马长海）被称为"辽东三老"。著有《睫巢诗文集》十卷、《春秋通义》十八卷、《尚史》七十卷。

雷溪草堂诗集

五 言 古

徂徕怀古①

徂徕多古松，
石径垂松花。
云气既萦薄，
晨光流朱霞。
崇阿有庐舍②，
修轸连桑麻③。
何处石公宅，
乔木俯寒沙。
伏腊有子孙④，
农耕凡几家。
复寻六逸迹⑤，
密竹团溪涯。

清风不可接，

千载令人嗟。

① 徂徕：徂徕山，一称龙崃山，在山东省泰安县东南，大汶河、小汶河分水岭。

② 崇阿：高大的丘陵。此句原注："山下有石守道故里。"按：石介（1005—1045）字守道，北宋初学者、文学家。孙复的弟子，兖州奉符（今山东泰安东南）人。隐居徂徕，世称徂徕先生。

③ 修轸：修，长；轸，通"畛"。指田间小路。谢灵运《登临海峤初发疆中作》："含酸赴修轸。"

④ 伏腊：伏，夏天的伏日；腊，冬天的腊日。古代两种祭祀的名称，亦泛指节日。

⑤ 六逸：《新唐书·李白传》客任城与孔巢父、韩准（《旧唐书》作韩沔）、裴政、张叔明、陶沔六人共隐于徂徕山，酣歌纵酒，时号"竹溪六逸。"

宝应湖上作与乔无功介夫兄弟①

窅窅望平野，渺渺临湖陂。

春阴生晚绿，漾舟澄波湄。

水鹤汀外暝，渔人沙际归。

淮城羁旅食，景物乡心违。

所欣得二生，文雅多丽词。

贱子浅学业，惭愧深相知。

相知弃众短，朴诚能我推。

我身日憔悴，春物日华滋。

心与归帆发，去去从此辞。

① 宝应湖：在江苏宝应县西，南通高邮湖。

恒　岳①

恒山冻雪消，
高天森众绿。
策马入磁窑②，
峡口壮飞瀑。
层楼绝壁悬，
细栈危崖束③。
浩浩虎风口，
泠泠通玄谷。
何多罗汉松，
但少君子竹。
朱蝶与丹禽，
历历纷所瞩。
古塞开鸿蒙，
桑干襟岳麓④。
峰峦趋帝庭，
烟露变晴旭。
宝楯敞金泥⑤，
瑶简瘗玄玉⑥。

披情凌紫烟，

干欲驾黄鹄⑦。

缅想向禽游，

千载追芳躅。

① 恒岳：即恒山，亦名太恒山，又名元岳、常山。西衡雁门关，东跨河北省，世称北岳。

② 磁窑：大磁窑，地名，在恒山。

③ 层楼句：指建在恒山下金龙口西崖峭壁上的悬空寺。据《恒山志》载，悬空寺始建于北魏晚期。全寺有殿宇楼阁四十间，陡崖上凿洞穴插悬梁为基，楼阁之间有栈道相通，构思奇妙，巧夺天工。

④ 桑干：即桑干河，亦名芦沟河，俗名浑河。岳麓：山麓。

⑤ 宝楯敞金泥：喻山形如盾，映日光成金色。

⑥ 瑶简瘗玄玉：喻山形如黑色玉筒。玄，黑色。

⑦ 黄鹄：大鸟名，相传为仙人所乘。

丁家洼访房山老人，适奉国将军晓亭至①，因
之瀑水岩浮觞咏诗②，明日同游红螺崄诸胜③

九月如初冬，
终风肃天地。

寒河斜日映，
疏林数峰峙。

行叩幽人庐，
闲门开薜荔。

谷口重传呼，
小队将军至。

高怀能下人，
了不自矜贵。

瀑水衡飞岩，
溅沫衣裳渍。

玉龙落银河，
淘然挟云气④。

回流可浮觞，
选胜坐鳞次。

南指幽岚山，

山水倍灵异。

明发三人游,

再入挟灵闷⑤。

连天枫叶明,

绝壁秋棠媚。

石磴不通人,

悬空铁绲系⑥。

太华千尺嶙⑦,

险峻俨斯类。

跻身层云端,

翻疑井中睇。

既暮宿朝阳,

石鼎烹奇字。

联吟夜未央,

明月当人坠。

① 晓亭:塞尔赫之字。清宗室,一字懔庵,号兆阡。康熙
三十六年封奉国将军,累官总督仓场侍郎。有《晓亭诗钞》。

② 浮觞:指杯爵浮流。

③ 红螺岭:河北怀柔县北有红螺山,疑即此地。

④ 㶊:水波相击声。

⑤ 灵闷:闷,通"秘",神秘。《李峤·百僚贺端石表》:"吐川
之灵秘,开神之韫匮。"

⑥ 铁绲:铁制的粗绳子。

⑦ 太华千尺嶙:太华,即华山;千尺嶙,即千尺幢。此句言险
峻不亚于华山。

移居沧州，蔡玉躬阁学以诗送行①，次韵奉酬

雷溪草堂诗集

结习学无生，
沉沦堕其志。
徒深山水情，
复多儿女累。
期为五岳游，
今鼓沧浪枻②。
济济黄阁老，
潇洒殊逸志。
送我河之干，
高言恣叹喟。
非不惜离别，
孤怀喜终遂。
沧州三神山，
中有安期辈③。
指示天地根，
其根生天地。
长跪谢微言，
吾将从此逝。

①阁学：官职，明清时称阁学士为阁学。

②枻（yì）：船舷。

③安期：古仙人名。相传为秦琅琊人，受学于河上丈人，卖药海边，时人皆呼千岁公。

与巢寄斋尚书①

朱华替春风②，
炎羲薄青林③。
倏焉变时序，
天地初无心。
君子济川舟，
万斛其所任④。
风波阻前修⑤，
荐止免溺沉⑥。
憺焉抱幽素，
修洁如郗愔⑦。
仕已无愠喜，
忧患何能侵。
湖穷牛角涯，
山抉幽岚岑。
弋钓寂可托，
林庐孚所欣。
悠悠人闲世，
回睇无古今。

沧溟引遐想，

万物等蹄涔⑧。

① 寄斋：清巢可托之字，又字素侯。满洲正蓝旗人，姓阿颜觉
罗氏。由荫生累官刑部尚书。

② 朱华：红色的花。

③ 炎羲：夏天的太阳。羲，羲和的省称，传说中御日之神。

④ 斛（hú）：旧量器，方形，口小，底大，容量本为十斗，后
来改为五斗。

⑤ 前修：指前代有德之士。

⑥ 荐（jiàn）：一再；屡次，接连。

⑦ 郗愔：晋人，字方回。性至孝，优游简默，有迈世之风。

⑧ 蹄涔：涔，雨水。兽蹄迹中的积水。

翟处士

瞻彼六聘山，
结想山中人。
谈经岩之阿，
白云青涧滨。
授徒几千百，
咸若沾阳春①。
名高迹难掩，
征车来纷纶②。
邈邈皇羲远③，
安见风俗淳。
哀哉豆田谣，
彭祖胡不仁④。

① 沾：享受的意思。

② 征车来纷纶：征车，征聘之车，指国家征聘隐士。纷纶，乱貌；多貌。

③ 皇羲：即伏羲氏。

④ 彭祖：传说中人物。姓篯（jiān）名铿，颛顼玄孙，生于夏代，至殷末时已七百六十七岁。殷王以为大夫，托病不问政事。

陶　隐　居^①

曩时有哲人^②，
闭影华阳居^③。
粲粲金精饭^④，
浑浑玉录书^⑤。
神仪擅丘壑，
喜听松风虚。
大药赐帝庭^⑥，
天风吹珮琚。
拱手领宰相^⑦，
掉头仍山庐。
白云何怡悦^⑧，
玄鹤何容与^⑨。
千古仰德音，
缅焉思其余。

① 陶隐居：指南朝齐梁时期道教思想家、医学家陶弘景，字通明，自号华阳隐居。

② 曩（nǎng）：以往；从前。

③ 华阳：指陶弘景隐居之所句曲山。此山下是第八洞宫，名金坛华阳之天。

④ 金精：当为黄精。草名，道家服食之品。《文选》三国魏嵇叔夜（康）《与山巨源绝交书》："又闻道士遗言，饵术黄精，令人多寿，意甚信之。"

⑤ 玉录书：即玉书，道教经名，即《黄庭内景经》。

⑥ 大药：珍贵之药。

⑦ 拱手领宰相：陶弘景隐居不仕，但朝廷大事辄就咨询，时人称为"山中宰相"。

⑧ 白云何怡悦：陶弘景《答齐高帝诗》，"山中何所有，岭上多白云。只可自怡悦，不堪持赠君"。

⑨ 容与：安适自得貌。

山中杂吟　五首

泉

殷雷落岩端，
雌霓贯松顶①。
希耳自成喧，
我心虚已静。
明月满空林，
一道秋河影。

① 雌霓：虹的一种，又称副虹。

月

人影散衡门，
转觉清山翠。
石瓦生凉波，
遥天清万类。
萧萧挹虚碧，

沦涟一溪在。

花

山花不可名，
化工能设色^①。
弥谷复嵌岩，
深红与浅白。
门前玉女峰，
新领众香国。

① 化工：指造化，即大自然。

药

幽居甄性命，
岁月复何如。
玉露行且采^①，
金精正堪锄。
山中逢毛女^②，
为说神农书^③。

① 玉露：甘露。
② 毛女：古仙女，字玉姜，在华阴山中，形体生毛。
③ 神农书：即《神农本草经》，为秦汉时人著，托名"神农"。

僧

闲念拂轻尘，

刳心观溘露①。

枯蒲示真寂，

以我观空故。

檐桂发秋香，

香在秋来处。

① 刳（kū）：剖开；挖空。溘（kè）：忽然。江淹《恨赋》："朝露溘至，握手何言！"

题岳参议蕉园《秋夜读书图》①

宦游倦春风，
簿书烦素秉②。

新仁润时物，
苍颜犹秀整。

鸿胪信能事③，
染笔见形影。

如得绸绎心④，
华灯对耿耿。

何人笑欧九⑤，
我自怜匡鼎⑥。

清标入夜寒⑦，
梧叶飒金井⑧。

明月一篱烟，
寒花但秋影。

夙知好古怀，
晚节倍沉静。

余貌丑难图，
白发短垂领。

将期归故山，

桦烛兴重省。

① 岳参议：岳礼，字蕉园，那木都鲁氏。隶满洲正白旗，仕至汉兴兵备道。

② 簿书：官署中的文书簿册。

③ 鸿胪信能事：原注："禹之鼎所绘。"（按禹之鼎，清代人物，画家。字上吉，一字尚基。康熙中官鸿胪寺序班。尤工写照，一时名人小像皆出其手。）鸿胪，官名，即周大行人中大夫之职，秦称典客，汉始称鸿胪，掌朝贺庆吊之赞导相礼。

④ 绸绎：引伸义阐述。

⑤ 欧九：指宋代文学家欧阳修。因排行第九，故称。

⑥ 匡鼎：指汉代东海人匡衡。

⑦ 清标：指清月。范成大有诗句："清标照人寒，玉笋森积雪。"

⑧ 金井：秋天的井。王世贞《西宫怨》中诗句："谁怜金井梧桐露，一夜鸳鸯瓦上霜。"

怀 友 作

素雪扬清辉，

层光流疏楹①。

中有苦寒士，

弹琴激商声②。

大弦凄以涩，

小弦急以清。

闻者咸叹息，

弹者伤中情。

怫郁不能解，

沉吟思远征。

所思在天末③，

阳雁哀哀鸣④。

辍弦悲离居，

慷慨怀生平。

穷阴闭阳气，

众草谁冬荣。

心仪石兰花，

终古抱余馨。

① 楹：房屋的柱子。特指堂屋前部的柱子。

② 商声：五音之一，劲而清之音。

③ 天末：天涯，天际。

④ 阳雁：阳，阴历十月，即秋雁。

访 牧 山①

巾车越林薄，
石路循隐僻。
高空木叶下，
往往灭行迹。
窈阴层云扃②，
柴门在其侧。
古泉奏灵籁，
危峰森列戟。
中有习静人，
裳衣莹新白。
旷然任明达，
狭境谢逼仄③。
苍玉韬精光，
云鹤敛双翼。
醇酒结清欢，
晤言酬夙昔。
语洽愁颜开，
不特尘劳涤。

向夕明月起，

秋影涵虚碧。

　　① 牧山：清代书画家图清格之字。满洲正红旗人，性至孝，官
山西大同知府，工写石。

　　② 扃（jiōng）：门，此为动词，闭锁。指门为云所掩。

　　③ 逼仄：狭窄的意思。

长 歌 行

汉家金张子^①，
棨戟耀朱缨^②。
十五侍中郎^③，
二十列上卿^④。
年少矜逸气，
驰逐猎秦城^⑤。
寒川映残雪，
一击凭苍鹰。
谁论上下杀^⑥，
狐兔随纵横。
马前奏胡乐，
归鞭北风鸣。
东方千百骑，
蜂拥前头行。
甲第连街陌，
曲院多逢迎^⑦。
赵女弹锦瑟，
秦姬鸣玉筝。

婉娈奉情欢⑧，

绮靡当尽呈。

繁华一销歇，

霜露雕春荣。

朱门一以闭，

樵采登高茔。

感之长叹息，

涕泣伤人情。

① 金张子：喻权门弟子。汉宣帝时，金日磾、张安世为显宦，后世言贵族常并举金张。

② 棨戟：兵器，古时官吏出行时，前导的仪仗中有之。因代指仪仗。

③ 侍中郎：古官名。秦始置，两汉沿置，为自列侯以下至郎中的加官，无定员。侍从皇帝左右，出入宫廷。

④ 上卿：古官名，卿的第一级。

⑤ 秦城：泛指战国秦国属地陕甘一带。

⑥ 上下杀：指天空的苍鹰与地面的犬马共猎狐兔。

⑦ 曲院：指勾栏院，即妓院。

⑧ 婉娈：犹言亲爱。

紫琼岩主人写《雷溪图》恭赋应教①

丹旭日华宫②，

柿绫宫监捧③。

雷溪图野渔，

西寒溪山耸。

断峡走巴江，

危滩石浪涌。

白日飞晴雷，

阴壑人惊悚。

大瀑落成川，

环村兼抱垄。

桑麻与钓具，

邻曲成胶巩④。

林果卖苹婆⑤，

家蚕饲玉蛹⑥。

爨汲有樵青⑦，

棹歌声汹汹⑧。

窃比张志和⑨，

高风惭鄙冗。

溪光写镜清，

山翠压舟重。

悬之当卧游，

能不息以踵。

社翁争来观，

叹美荷光宠。

① 紫琼岩主人：清圣祖二十一子允禧之号，善书画，有《紫琼岩诗钞》等。

② 日华宫：宫名。汉河间献王所筑，《三辅黄图》：河间献王德，筑日华宫，置客馆二十余区，以待学士。

③ 柿绫：柿蒂，唐时绫名。

④ 邻曲：邻居，邻人。

⑤ 苹婆：一种果物，亦称"凤眼果"。

⑥ 玉蛹：原指莲子。此处似指蚕蛹。

⑦ 樵青：唐张志和的女婢名。这里指女婢。

⑧ 渢渢（fēng）：水声。

⑨ 张志和：唐金华人，字子同。曾任左金吾卫录事参军。后坐事贬南浦尉，赦还，居江湖，自称烟波钓徒。

七 言 古

春村寄怀晓亭奉国

树头晨鹊长短鸣，

晓日上帘春冥冥。

一夜东风搅离思，

海棠吹破胭脂轻。

城南去年君送我，

花枝照酒浮琼英。

今日花开我忆君，

沧州二十五长亭。

扁鹊庙前新水涨①，

艸兮城外野云生②。

城中女儿尚螺髻③，

海上麻姑罢游戏④。

尊酒独上南川楼，

恨不与君同一醉。

君诗不上高达夫⑤，

千人百人一人无。

高公故宅不可得，

把君诗卷空踌躇。

交河住近仙人岛⑥，

时有仙人送梨枣。

不忧子孙无置锥⑦，

怀核已种千株好。

昨日田家来叩门，

东皋可耕复可耘⑧。

儿子牵牛种春谷，

老夫强起饷饔飧⑨。

① 扁鹊：战国时医学家。姓秦，名越，渤海郡鄚（今河北任丘）人。

② 丱（guàn）兮城：丱，古代儿童把头发结成两角的样子，泛指儿童。丱兮城，地名，在河北省盐山县东北。相传秦始皇遣徐福发童男童女千人，入海求仙，筑城侨居童男童女，故名。

③ 螺髻：形似螺壳的发髻。

④ 麻姑：中国古代神话中的女仙。

⑤ 达夫：唐代诗人高适之字。其诗多写边地征战和个人感叹，以边塞诗最为著名。本德州蓨（今河北景县，一说今河北沧县）人，景县距马长海寓居之沧州不远，故本诗中有"高公故宅不可得"句。

⑥ 交河：县名，在沧州西南。

⑦ 置锥：即立锥之地。形容极小的一块地方。

⑧ 皋：田野或高地的泛称。

⑨ 饷饔飧（yōng sūn）：早餐和晚餐。此指往田地里送饭。

观陆叔平《花鸟图》

屋上杏花如写生，

屋头飞下双鸠鸣。

田家正尔望春雨，

对之能不开心情。

此画得之金阊里①，

两岸高楼管弦里。

上方殿阁化人宫②，

画船箫鼓三塘水。

垂杨系马青楼前，

旧事浮云忆往年。

画外春风画中思，

白头白尽杜樊川③。

① 金阊里：地名，在江苏省吴县阊门内。

② 化人：佛教谓神、佛变形为人以化度众生者，为化人。

③ 杜樊川：唐代诗人杜牧之号。

丁十一其在寄长篇见忆，赋此奉答

神仙中人曾一识，

下交贫贱真难得。

青门忆昔驾轩车①，

丙舍城南接双璧②。

一艘全家三十口③，

缘烟又系沧州柳。

海上空吟徐福谣④，

茅堂独饮麻姑酒。

小折珊瑚尚拟还，

雷溪饱看石门山。

君家自昔盛冠盖⑤，

太息于今似我闲。

闻道明庭急征召⑥，

可能深掩薜萝关⑦。

① 青门：长安城东南门名。此指北京城。

② 丙舍句：原注："前尝与王鲁传见访。"丙舍，古代王宫中
的别室，亦泛指正室侧屋。此指马长海沧州家，意"寒舍"。双璧，

旧指兄弟，这里指丁其在和王鲁传。

③艓（dié）：小船。

④徐福：秦方士。上书秦始皇说海上有三座神山，中有长生药，请得童男童女数千人，乘楼船入海，结果一去不返。

⑤冠盖：指仕宦的冠服和车盖，并代指仕宦中人。

⑥明庭：指朝廷。

⑦薜萝关：指隐者之居。

苦　雨

白眚夜见缠太阴①，

阳景闭藏天四沉②。

天江伸芒河鼓暗③，

倾注无处无秋霪。

横流倒泻深泥滓，

当轩半落秋江水。

东家西家似渔舟，

我屋直如鸥鹭浮。

日愁蒸薪爨难给，

夜移床榻避淋湿。

儿女房中且莫啼，

天乎天乎，

毋使秋原绝民粒。

① 白眚（shěng）缠太阴：眚，指无端的灾异。太阴，月亮。

② 阳景：即阳光。此句指阴云密布。

③ 天江句。天江即天河；河鼓，星宿名，在牵牛星之北。《史记·天官书》："其（指牵牛）北河鼓。"天河伸出芒刺，河鼓星暗淡，天将大雨（天象）。

枣　花

殿春开尽春无力^①，

二十四番花信息^②。

风雨将春何处归，

野人一树空庭得。

信都之种何时来^③，

大树小树家家开。

密如金桂攒黄萼，

碎似丁香拆绿蓓。

邺下芳尘扬不已^④，

隋宫甲煎浇沉水^⑤。

奢靡争及此花幽，

况是秋来能结子。

将歌叱叱与纂纂^⑥，

一斗可易十升米。

① 殿：最后。此句言枣花晚春开放。

② 二十句：古代认为应花期而来的风，或称花信风。

③ 信都：郡名，本秦末赵王歇都地。故城在河北省冀县东北，

此地盛产枣。

④邺：古都邑名。故址在今河北省临漳县西南邺镇东。

⑤隋宫甲煎：甲煎，香名，又叫甲香。据《贞观纪闻》记载，隋王每除夜，焚沉香数车，光暗则以甲煎沃之，香闻数里。

⑥叱叱与纂纂：叱叱，吆喝；纂纂，丛聚的样子。

双林庵荷池

溽暑侵人何太强，

城南过雨生微凉。

主人旋著新草屦，

双林十里闻荷香。

翠盘擎珠圆复碎，

绿为衣里红为裳。

曩昔曾游西子乡①，

吴山侵鬓湖水光。

锦云香雾接天长，

采莲女儿采未央。

日与京口刘十一②，

酒垆买醉吴姬傍③。

① 西子乡：春秋时越国美女西施的故乡苎罗村，在今浙江省诸暨南。

② 刘十一：原注："德园"。

③ 吴姬：吴地的美女。

食 茄

老圃工种园中茄,

阑风伏雨开紫葩。

轮囷结实大如碗①,

凌晨摘向厨娘夸。

此物由来冠蔬蕨,

割鲜不必求肥豝②。

邻僧早醒食指动③,

招邀敢屈来山家。

清供适口愿饱食④,

侑以二簋虞淫奢⑤。

杨子宁思增旧菜⑥,

太常应舍昆仑瓜⑦。

食之贵且快人意,

生鱼熊掌空聱牙。

① 轮囷(qūn):高大的样子。

② 豝(bā):大猪。

③ 食指动:尝到异味的先兆。《左传·宣公四年》:"楚人献鼋

于郑灵公。公子宋（亦称子公）与子家将见。子公之食指动，以示子家，曰：'他日我如此，必尝异味。'及入，宰夫将解鼋，相视而笑。"

④ 清供：素食。

⑤ 侑（yòu）：劝，陪侍。簋（guǐ）：古代食器，圆口，圈足。此处指较大的食器。

⑥ 杨子：指战国卫人杨朱。

⑦ 昆仑瓜：茄子的异名。《芝田录》记载隋炀帝改茄子名为昆仑紫瓜。太常：古代官名，掌礼乐宗庙之事。此指设祭的祭品。

白　翎　雀①

白翎雀，巢寒沙，

上都城外河之涯②。

雌雄挟子乐复乐，

大漠秋风生雪花。

元时避暑上都中，

峨峨金紫凌高空。

可怜一旦沉烟草，

牧马群嘶旧驰道。

白翎雀，何所栖？

汝巢不徙踏为泥，

汝子携向笼中啼。

①白翎雀：即百灵鸟，生于北方，雌雄和鸣，即使严冻大寒，亦不易地。元代曾为制曲，并为古乐府词。

②上都：即元开平府治，中统元年（1260）忽必烈即帝位于此，中统五年加号上都。在今内蒙古多伦县北境，正蓝旗东北闪电河北岸。

竹

一月二十五回雨，

大竹小竹琅玕青①。

老梢细拖金雀尾，

嫩叶低亚青鸾翎。

座中萧散须发绿，

吟诗但觉清泠泠。

恍如系船楚江岸，

翠雾欲共江烟平。

云中君下天杳杳，

湘夫人去波冥冥②。

心有万竹不能写，

何能唤起湖州生。

蛟龙缠手落古墨，

一剪湘云秋水白。

① 琅玕（láng gān）：竹的别称。杜甫《郑驸马宅晏洞中》诗，
"留客夏簟青琅玕"。

② 湘夫人与云中君俱为屈原《九歌》篇名。王逸《楚辞章句》
认为湘夫人是舜之二妃。

雷溪草堂诗集

图牧山黄山盆松歌

吾闻黄山之顶轩辕宫，

松生石上天无功。

万仞陡绝天都峰①，

窃松人与猿猱同②。

凿石石破根乃脱，

铰刀剪割青蒙茸③。

左伸右屈自偃盖④，

三粒五粒新香浓。

鳞甲约千三百六，

体气小缩苍精龙⑤。

古痴嗜松余老友，

高斋林列苍髯叟。

二十余本各殊致，

一松一石神明守。

更有数本来新罗⑥，

霜皮雨鬣⑦低婆娑。

蹲虬奔鹿不可状，

偃伏或似青鼋鼍⑧。

石盎镌题集名辈⑨，

颜涂合作真佳制。

遂使群松声价高，

黄金白玉都堪弃。

吁嗟乎!

长剑锦衣不被体，

门下舍人贫贱死。

① 天都峰：黄山名峰。

② 猿猱：猿猴。

③ 蒙茸：犹言蓬松、乱貌。

④ 偃盖：即偃松，松形如盖，亦名笠松。

⑤ 苍精龙：传说中一种龙的名字。

⑥ 新罗：朝鲜古国名。

⑦ 鬣（liè）：指松针。

⑧ 鼋鼍（yuán tuó）：鼋，鳖；鼍，一种鳄鱼。

⑨ 石盎：一种口小腹大的石制容器。

少年早度祁连山。

① 马射：即骑射。

② 缄：信函。

③ 馺逻（sà tà）：疾速而盛多的样子。东丹：国名，辽太祖灭渤海国，改名东丹，在契丹之东。辽固有上巳日马射之俗。

④ 罄鞚（qìng kòng）：驭马的方法。腾骞（jiān）：昂首奔腾。

⑤ 骹：鸣镝；响箭。敦弓：即雕弓。敦，通"雕"。

⑥ 月氏：西域古国名，产良马。儇（xuān）：轻捷。

⑦ 楼兰：指匈奴。

⑧ 猿臂：指臂长矫捷如猿，长于射箭。

五 言 律

送友游蜀

黄陵青气早①，
白帝客愁生②。
月峡凄猿语，
风江急雁声。
授衣天万里，
旅梦夜三更。
到日郫筒酒③，
知应醉锦城④。

① 黄陵：黄帝陵庙，在陕西省黄陵县城北桥山上。

② 白帝：古城名，在今四川奉节县东。

③ 郫筒酒：四川郫（pí）县产的一种酒。《华阳风俗录》："郫县有筒池，池旁有大竹，郫人刳其节，倾春酿于筒……俗号郫筒酒。"

④ 锦城：即锦官城，旧时对四川成都的别称。

石　屋

万仞骑鳌背^①，
天门第一重。
独登沧海观，
不见大夫松^②。
赤日开林镜，
青屏隐岳钟。
芝房贪信宿^③，
高阙隔尘踪。

① 鳌：神话传说中海里的大龟或大鳖。这里指神话中女娲断鳌足以立四极。高山当指骑于鳌背。

② 大夫松：松的异称。《书言故事》记载：秦始皇登泰山，风雨暴至，休树下，封松为五大夫。

③ 芝房：斋房。信宿：连宿两夜。

金山江天阁同刘德园^①

晓来望山阁，

江气白濛濛。

初日不成雾，

平流渐起风。

苍茫京口树^②，

缥缈海门鸿^③。

乡国三千里，

凄然一眺中。

① 金山：在江苏省镇江市区西北，原名氐父山，又名金鳌岭，也叫浮玉山。刘德园：清刘之璋，字德园，号大翮山人。

② 京口：古城名，故址在今江苏省镇江市。

③ 海门：县名。在江苏省东南部。长江口北岸，五代周置县，清乾隆时建海门直隶厅。

太湖西山隐者

老屋寒山里，

门当湖水清。

药香红术熟，

书卷白蟫轻①。

鹿踏秋篱破，

云归野树平。

著书千万卷，

人世不知名。

① 白蟫（yín）：蛀蚀衣服、书籍的蠹虫。

登　吴　山①

极目层城外，

苍茫远眺中。

山云开晚照，

江雨宿残虹。

犀甲三千在②，

银涛一派雄。

何堪思往事，

烟草没吴宫。

① 吴山：在浙江省杭州市西湖东南面，山体伸入市区。春秋时，
为吴国南界，故名吴山。

② 犀甲三千：指吴败越后，越国尚有士兵三千。

游牛首①

旷绝城南路，

牛头势欲分。

寒林双阙寺，

野火六朝坟②。

拜佛看心镜，

翻经对白云。

闲僧共幽眺，

钟阜下斜曛③。

① 牛首：即牛首山，在江苏省南京市中华门外。山内二峰，形如牛首，又称双阙，亦名天阙山。

② 六朝：三国的吴、东晋、南朝的宋、齐、梁、陈，都以建康（今南京）为首都，历史上合称六朝。

③ 钟阜：即钟山，在南京市区东。

庞 德 公①

昔读先贤传，

庞公不可逢。

何当汉阴口②，

一访鹿门峰③。

翠篔开茆宇，

春江倚竹筇④。

渔梁洲上路⑤，

冰雪有遗踪。

① 庞德公：东汉襄阳（今湖北襄樊）人。躬耕于襄阳南岘山，
与诸葛亮、司马徽、徐庶等友善，被誉为知人。他拒绝刘表礼请，
后隐居鹿门山，采药以终。

② 汉阴口：汉水之南。

③ 鹿门峰：即鹿门山，在湖北襄樊东南三十里。

④ 筇（qióng）：竹名。

⑤ 渔梁：镇名，在安徽省歙县之南。

探梅雨花桥，望太湖诸山作

高阁延清气，
长桥坐冷氛。
仙衣千嶂雪，
野艇一溪云。
露影春波净，
林香暝色熏。
洞庭明镜里，
七十二峰分①。

① 七十二峰：太湖中大小岛屿四十八个，连同沿湖的山峰和半岛，号称七十二峰。

吴 中 作

姑苏多少寺，
游屐往来频。
花艓吴江水，
茶窠虎阜春①。
白云飞向夕，
绿雨细生尘。
惆怅吴宫叶，
凄凉下碧津。

①虎阜：即虎丘山，在江苏省吴县阊门外，亦名海涌山，乃吴
中名胜。

法 螺 庵①

精庐辟幽胜，

绿嶂笋舆通②。

溪水梅花白，

山茶佛火红。

鹤声春涧暝，

僧语竹楼空。

清夜留灵境，

萧萧万籁风。

① 法螺庵：在江苏省吴县城外之西，径接寒山，山径盘迂，从
修篁中百折而上，势如旋螺，故名。

② 笋舆：竹制的轿。即今所谓滑竿。

张睢阳庙①

肃穆中丞座，

棠梨仰故宫②。

风尘真墨守③，

俎豆古遗忠④。

断碣留残照，

灵旗闿晚枫⑤。

男八羞南八⑥，

庙食至今同。

① 张睢阳庙：即张巡庙。张巡，唐南阳人，博通群书，晓战阵法。
天宝中巡守睢阳，与安禄山战，日中二十战，气不衰。诏拜御史中
丞，守城数月，救兵不至，食尽，杀爱妾以飨士。城陷，骂贼被害，
赠扬州大都督。

② 棠梨仰故宫：棠梨，汉甘泉宫观名；仰，依赖。故宫，指
汉云阳宫。《三辅黄图·三》棠梨宫，在甘泉苑垣外云阳南三十里。
此处喻指张巡忠于王室。

③ 墨守：战国时墨翟以善于守御著名，后因称善守者为"墨守"。

④ 俎（zǔ）豆：俎和豆都是古代祭祀用的器具。引申为祭祀、

崇奉之意。

⑤闷（bì）：关闭。引申为清静、幽深。

⑥南八：指唐南霁云，在兄弟中排行第八。与张巡共守睢阳，城陷，与张巡同被执，巡呼云曰：“南八，男儿死耳，不可为不义屈！”云笑曰：“欲将以有为也，公有言，云敢不死！”与巡同被戮。

东 林 寺①

大江当古岳，

涧道入崲岈②。

萧寺双溪竹，

秋屏九叠霞。

天风吹瀑水，

三月挂萝花。

欲结东林社，

其如酒兴奢。

① 东林寺：在庐山西北麓，是我国佛教净土宗（莲宗）发源地。

② 崲岈（hán xiā）：山深貌。

香 炉 峰①

炉峰真峻绝，

拾级一攀跻。

陡壑闻泉响，

深松看鹤栖。

九江云外坼②，

三楚雁边低③。

更欲寻真隐，

风烟隔水西。

① 香炉峰：庐山北部峰名。

② 坼（chè）：裂开。

③ 三楚：古地区名。秦汉时分战国楚地为西楚、东楚和南楚三
部分。

磁窑峡谒李谪仙^①

五言律

挂席游云海，

高踪此地留。

由来放情志，

常是抱幽忧。

岳气文章重，

河声天地秋。

楚江一片月，

犹照谪仙楼。

① 磁窑峡：在山西浑源县。摩崖有"磁窑天险"四字。谪仙：
指唐代大诗人李白。

谒留侯祠^①

晓日谷城祠^②，
停骖拜缥帷^③。
风云归汉日，
终始报韩时^④。
既已游黄石^⑤，
何缘荐紫芝^⑥。
英雄身退早，
三叹立阶墀^⑦。

① 留侯祠：汉朝张良之祠。

② 谷城祠：在山东省东阿县。

③ 骖（cān）：古称辕马两旁的马为骖，此处指车。缥帷：灵帐。

④ 风云归汉日，终始报韩时：此两句是说张良在秦末农民战争中，聚众归刘邦，又游说项梁立韩贵族为韩王，任韩司徒，终报其祖与父相继为韩昭侯、宣惠王等五世知遇之恩。

⑤ 黄石：即黄石公，传说张良逃亡至下邳时（今江苏睢宁北）时，遇黄石公，得《太公兵法》。

⑥ 紫芝：紫芝叟，亦称紫芝客，指"商山四皓"，即东园公、夏黄公、甪里先生、绮里季四人。

⑦ 阶墀（chí）：台阶上面的空地。

河间怀古①

客程数亭障，

斜日急征辕。

淇水层冰合②，

毛公故迹存③。

朔云开古堞④，

猎骑下寒原。

欲将溪毛荐⑤，

前林暝色昏。

① 河间：郡名。后魏置，即汉之河间国，在河北省河间县西南。

② 淇水：在河南省北部。

③ 毛公：前汉毛苌为河间献王博士。毛亨（大毛公）、毛苌（小毛公）治《诗经》，为"毛诗学"的开创者。

④ 古堞（dié）：古城上的矮墙，又叫女墙。

⑤ 溪毛荐：指溪流中的水藻。荐，草。

潭柘寺赠德彰上人①

竹木生灵籁，
云泉远世喧。
月圆今夜磬，
风动昔时幡，
野性忘机鸟，
冥心入定猿②。
桂花千百树，
无隐复无言。

① 潭柘寺：在北京门头沟区群峰环列的潭柘山腰，因寺后有龙潭、山间有柘树而得名。

② 野性句：是说鸟和猿到此也忘机入定。忘机，是指忘记世间权变；入定，是指深思极虑进入凝神的境界。

登　盘　山①

游踪殊李愿②，

隐迹忆田君。

石路双红屐，

春山半绿云。

林花随杖远，

涧水与瓢分。

雾阁云窗里，

天鸡时一闻。

① 盘山：又名徐无山、四正山、盘龙山。相传三国曹魏时田畴隐居于此，亦称田盘山。在蓟县城西北十二公里，为燕山南麓盘山地区。历史上誉为"京东第一山"，为我国十五大名山之一。

② 游踪殊李愿：唐韩愈有《送李愿归盘谷序》。李愿，隐士，归隐于盘谷，此处因游盘山联想起盘谷，故云。

中秋盘山绝顶看月

陟历群峰顶，

微躯近太清①。

秋从云汉落，

月是上方明。

寂镜磨今古，

灵台识纵横。

微吟通帝座②，

不敢问平生。

① 太清：指天空。

② 帝座：星宿名，属天市垣。

得钱东田书

念别十年余，
东田旧草庐。
文章仍古拙，
稼穑且艰虞。
花发春天泪，
鸿传江汉书。
故人消息在，
京国免踌躇。

游兼山水居^①

淮王鸡犬去^②，
寂莫兔园空。
花坞冥冥白，
霞溪滟滟红。
夕阳生石发^③，
乔木吊东风。
玉轴留仙笔，
萧闲写菊丛。

① 兼山：在四川省剑阁县东南一百二十里。宋学士黄裳曾居此。
兼山水居应是谢兼山宅。

② 淮王句：淮王指汉高祖之孙，淮南王刘安。相传刘安得道，
白日飞升，鸡犬皆升天。

③ 石发：水苔名，生水中石上，形似毛发。

春　霁

风雨一春过，
青皋霁景回。
翻泥先种麦，
接树待移梅。
水驿风帆接，
人家烟火开。
故人满京洛，
不见一书来。

新　竹

雷溪草堂诗集

林庐一夜雨，

春筱绿纤纤①。

嫩叶不成响，

新梢渐出檐。

风吹香箨解②，

云腻粉痕添。

溪上斜阳暝，

清阴幕翠帘。

① 筱：小竹子。

② 箨（tuò）：笋壳，即包裹竹笋的外壳。

秋村怀友

故交不可见，
田父日相亲①。
添犊牛栏喜，
谈经马肆新②。
溪钟长啸侣，
风叶叩关人③。
感慨思良友，
情言谁更论。

① 田父：年老的农民。

② 谈经：谈论《相马经》。肆：市也。

③ 叩关：即叩门。

赠车宜年司马

仙籍金泥重[①]，

清班紫绶新[②]。

左迁仍授职[③]，

吾道莫辞贫。

灯火螭头舫[④]，

湖山雉尾莼[⑤]。

春风谵往事，

何惜落花频。

① 金泥：施胶之金粉。封印秘籍及诏书用，后转以指制诰之类。

② 清班紫绶新：原注："以翰林改授杭州司马。"清班，旧时以为文学侍从之臣清高华贵，因称其官班为"清班"。

③ 左迁：旧时谓降职。《汉书·周昌传》："吾极知其左迁。"颜师古注："是时尊右而卑左，故谓贬秩任为左迁。"

④ 螭头舫：螭（chī），古代传说中没有角的龙。古代建筑中或工艺品上常用它的形状做装饰。螭头舫，即饰有龙头的船。

⑤ 雉尾莼（chún）：一种多年生水草，可做菜蔬。

送阿琛亭统领防秋塞外　二首

（一）

韩公昔镇静①，
三筑受降城②。
熊耳将焚甲③，
天河欲洗兵④。
投壶祭征虏⑤，
置粟赵营平⑥。
玉帐无烽火，
垂帘咏洛生⑦。

① 韩公：指呼韩邪单于。

② 受降城：城名，汉之受降城在九原北塞外之地，故址在今内蒙古乌拉特中后联合旗东阴山北。《汉书·匈奴传》："呼韩邪单于自请留居光禄塞下。有急，保汉受降城。"

③ 熊耳将焚甲：熊耳山，在河南省西部，自宜阳县至豫、陕两省边境，长百余里。《后汉书·刘盆子传》："樊崇为将，盆子肉袒降，积甲宜阳城西与熊耳齐。"

④ 天河欲洗兵：汉刘向《说苑·权谋》："武王伐纣……风霁而乘以大雨，水平地而蔷。……散宜生谏阻曰：'此其妖欤？'武王曰：'非也，天洒（通"洗"）兵也。'后，武王擒纣灭商。"后用以表示胜利结束战争。

⑤ 投壶：我国古代宴会的礼制。《后汉书·祭遵传》："对酒设乐，必雅歌投壶。"

⑥ 置粟赵营平：西汉赵充国，武宣帝时屡立战功，晚年主张屯田，寓兵于农。此处指边塞无事，当以屯田固防。

⑦ 咏洛生：咏歌之一种，为巴郡阆中书生所吟咏。此处指歌唱升平。

（二）

朱鹭军中乐，
黄芦塞外笳。
书生上麟阁①，
慈母在京华。
旗卷龙堆雪，
诗吟雁碛沙。
归来先介寿②，
天酒酌流霞③。

① 麟阁：汉代阁名，在未央宫中。《三辅黄图·阁》："麒麟阁，萧何造，以藏秘书，处贤才也。"汉武帝时曾图霍光等十一功臣像于阁上，以表扬其功绩，后多用来表示卓越的功勋和最高的荣誉。

②介寿：作祝寿之辞。诗经《豳风·七月》："以介眉寿。"介，通"丐"，求。

③天酒：甘露。

答易淑南见赠①

芳草湘波净，
新簧巇谷阴②。
骚人不可见，
古意抑何深。
双鬓梁园雪，
孤灯楚客心③，
感君千载意，
白首听清音。

① 易淑南：清易祖栻字。

② 巇谷：两山之间的漳谷。

③ 楚客：楚地之客。

秋　雁

万籁入岑寂，
萧萧过雁行。
秋村人自老，
溪馆夜生凉。
明月白如水，
西风欲度霜。
封书能达否，
一寄古潇湘。

七　言　律

塞　上

居延塞中草茫茫①，
蒙恬域上云苍苍②。
溪深溪浅马蹄白，
沙重沙轻人面黄。
日暮胡姬吹觱篥③，
天寒贾客市牛羊。
边风挏酒不成醉④，
一问前朝古战场。

① 居延：古边塞名。汉太初三年（前 102）路博德筑于居延泽上，以遮断匈奴由此侵入河西之路，故一名遮虏障。

② 蒙恬：秦名将。秦统一六国后，率兵三十万击退匈奴贵族收河南地（今内蒙古河套一带），并修筑长城，守卫数年，匈奴不敢进攻。

③ 觱篥（bì lì）：亦作"觱篥""悲栗"，又名"筚管"，簧管乐器，北方民族军乐器。

④ 挏（dòng）酒：马奶酒。

与刘德园登多景楼①

拄颊危栏万里秋，

金焦屹立障惊流②。

几双沙鸟云横渚，

第一江山人倚楼③。

北府旌旗空仿佛，

南都参佐尽风流④。

悬帆欲踏鼋鼍窟，

遗迹还寻玉局游⑤。

① 多景楼：楼名，在镇江甘露寺后。

② 金焦：金山与焦山，焦山在江苏省镇江市东北，屹立于长江中。

③ 第一江山：甘露寺长廊东壁上，相传梁武帝题有"天下第一江山"，石毁后，宋吴琚书并重刻，康熙间又毁，由程康庄重摹刻。

④ 南都：即南京。参佐：参领，佐领，清代武官。

⑤ 玉局：宋苏轼曾提举玉局观，故名之。

雨 花 台①

寒江半绕石头城②,

南郭荒台访净名。

昔日天花飞座处,

只今苔藓上墙生。

钟陵草浅春眠马③,

萧寺林深晚听莺。

往事不堪凭吊久,

黄昏灯火佛楼明。

① 雨花台:在南京市城南中华门外。是一个高约百米、长约三千米的山岗。传说六朝云光法师在此讲经,感动天神,落花如雨,因称雨花台。

② 石头城:南京别名。

③ 钟陵:指南京钟山西边的明孝陵。明太祖朱元璋陵墓。眠马:指陵前石马。

金　山

碧岛珠宫水际浮，

海门波浪极天流。

大江潮落鱼龙夜，

高堞云开鼓角秋①。

十里残钟京口驿，

一旗红叶酒家楼。

夕阳消尽英雄迹，

闲倚危栏看白鸥。

① 高堞句：指南宋女将梁红玉在此地桴鼓战金兵。

玄墓探梅① 二首

（一）

万顷湖云一艇斜，

春林载酒洞庭涯。

空求秘笈灵威洞，

直看仙人萼绿华②。

尽许寒香笼澹日③，

不妨冻雪点轻霞。

当时留得金条脱，

为问羊权第几家④。

① 玄墓：山名，在今江苏吴县西南七十里，相传汉邓尉隐此，故又名邓尉山，山多梅花，花开时香闻数十里。

② 萼绿华：女仙名。

③ 澹日：指清淡的日光。

④ 当时、为问句：金条脱，金手镯。《太平广记》："女仙萼绿华于晋升平三年夜降于羊权家，赠权火浣布手巾、金玉条脱各一。"

（二）

美人魂断更堪怜，
画意寻来绿嶂前。
白玉瓶中凝作雪，
水晶帘下望成烟。
金杯入夜香如梦，
绛烛浮空影若仙。
回首铜坑三万树，
琼瑶落尽白云天。

再赠西山隐者

九月霜干石路暝，
十年重访枕烟庭①。
朱虬遮迣藤缠屋②，
玉乳潺湲水汲瓶。
云似客痴朝出岫，
鹤如人立夜听经。
先生不与寰中事，
长啸一声天地青。

① 枕烟：清书画家，文从简，字彦可。号枕烟老人，长洲（今苏州）人。顺治间卒。

② 遮迣（zhì）：遮拦。

吴江三高祠下作①

松陵城郭柳丝丝②，

笠泽归舟水一涯③。

刚是碧鲈红稻日，

却思茶灶笔床时④。

至今洛客推张翰⑤，

终古无儿怨子皮⑥。

酾酒从容残照底，

数声水鹤下丛祠。

① 三高祠：在江苏省吴江。祀有三位名人，即越范蠡、晋张翰、唐陆龟蒙。

② 松陵：江苏省吴江县的别称。

③ 笠泽：古水名。一说即今太湖；一说系太湖东岸一小湖，在今吴江县境。陆龟蒙著有《笠泽丛书》，故后世亦以笠泽代指陆龟蒙。

④ 茶灶笔床：烹茶之灶和卧置毛笔之具。《唐书·陆龟蒙传》云陆龟蒙"居松江甫里，不喜与流俗交，虽造门不肯见，不乘马，升舟设蓬席，赍束书，茶灶、笔床、钓具往来，时谓江湖散人"。

⑤ 洛客：温庭筠诗句："玉管闲留洛客吹。"张翰：晋吴郡人，

字季鹰，有清才，善属文，纵任不拘，时号江东步兵。

　　⑥ 子皮：范蠡浮海出齐，变姓名，自谓鸱夷子皮。

范文正公祠①

祠外天平万笏迎②，
祠前瞻拜晚风清。
中枢黜陟关忧乐③，
西鄙狼狐畏甲兵④。
遗像曾闻酋长拜，
义田犹见子孙耕⑤。
如何众口能销骨，
古治从来不易行⑥。

① 范文正公：北宋政治家、文学家范仲淹，谥"文正"。祠在其原籍苏州吴县。

② 天平：天平山，在苏州。万笏：指众多壁立的山。

③ 中枢黜陟：封建社会中央机关官吏的进退升降，这里指对范仲淹。

④ 西鄙狼狐：指西夏。范仲淹驻守陕甘，西夏人畏惧他，称："小范老子胸中有数万甲兵。"

⑤ 遗像句：《宋史·范仲淹传》：仲淹"好施予，置义庄里中，以赡族人。……死之日，四方闻者，皆为叹息。……邠庆二州之民

与属羌，皆画像立生祠事之。及其卒也，羌酋数百人，哭之如父，斋三日而去"。

⑥ 如何句：此句指官僚贵族采用卑劣的手段中伤陷害范仲淹，使新政失败。

陈思王墓①

乔林雪净朔风寒，

高塚荒山表建安②。

终古盛名空邺下③。

一时敷粉对邯郸④。

我闻洛后金留枕⑤，

天为君王玉降棺。

莫怨豆萁煎太急⑥，

汉谣粟布早艰难⑦。

① 陈思王墓：三国魏诗人曹植墓。在山东东阿县城南鱼山西麓。曹植曾封陈王，谥思，世称陈思王。

② 建安：汉献帝年号。曹植是建安年间著名文人。

③ 邺：古都邑名，在今河北临漳县西。建安十八年，曹操为魏王，定都于此。

④ 一时句：指曹植会邯郸淳之事。《三国志》注引《魏略》："植初得淳甚喜，延入坐，不先与谈，时天暑热，植因呼常从取水，自澡讫，敷粉。遂科头拍袒，胡舞五椎锻，跳丸击剑，诵俳优小说数千言讫，谓淳曰：'邯郸生，何如邪？'……"

⑤洛后金留忱：洛后，指曹丕夫人甄后。李善《文选》注引《记》曰："魏东阿王汉末求甄逸女，既不遂，太祖回，与五官中郎将。植殊不平，昼思夜想，废寝与食。黄初中入朝，帝示植甄后玉镂金带枕，植见之，不觉泣。"

⑥豆萁煎太急：指曹丕逼曹植七步所成之诗："煮豆持作羹，漉菽以为汁。萁在釜下燃，豆在釜中泣。本是同根生，相煎何太急。"

⑦粟布：喻兄弟不和。汉民谣："一尺布。尚可缝，一斗粟，尚可春；兄弟二人不相容。"

大同怀古

岩疆冲剧古云州①，

风土荒凉只似秋。

四月花开萧后苑②，

百年春在武宗楼。

塞横句注惟残照③，

水绕桑干有浊流④。

解袂自沽桑落酒⑤，

暮笳哀雁两悠悠。

① 云州：唐贞观十四年置，在今山西大同市，辽重熙十三年升为大同府，建西京。

② 萧后：即萧太后，辽景宗后，名绰，字燕燕。其子耶律隆绪（圣宗）即位后，被尊为皇太后，摄国政。

③ 句注：山名，又名陉岭、雁门山、西陉山。在今山西代县北。古为北方军事要地。

④ 桑干：桑干河，永定河上游。

⑤ 桑落酒：酒名。《水经·河水注》："河东郡民有姓刘名堕者，宿擅工酿，采挹河流，酝成芳酎，悬食同枯枝之年，排于桑落之辰，故酒得其名矣。"

秋日访房山老人不值①

居处林泉俨画屏，
尚书清节好仪型。
月来古屋生虚白②，
云去秋山出淡青。
几卷诗传辽海雪，
一家禅诵大雷经③。
昔年曾与香山社，
惭愧狂歌许性灵。

① 房山老人：不详，当是一隐者。房山，房山县，在今北京市西，地处半山区。

② 虚白：《庄子·人间世》"虚室生白，吉祥止止"。《释文》："司马（彪）云：'喻心，心能空虚，则纯白独生也。'"后常用以形容清静的心境。

③ 大雷经：通指佛经。雷音，如来五声之一。《维摩诘所说经》："演法无畏，如狮子吼；其所讲说，乃如雷震。"

云 罩 寺①

孤筇遍踏玉崚嶒②，

云水随人到上层。

碧落高游聊似鹤③，

翠微闲住不如僧。

古潭龙出春无水，

宝塔神归夜有灯④。

灵境坐忘身世在，

自来峰上月轮升。

① 云罩寺：在河北蓟县西北盘山之自来峰下，东倚挂月峰，唐道宗大师所建。旧名降龙庵，明万历间改今名，相传为宝积禅师卓锡地。

② 筇（qióng）：竹杖。崚嶒（léng céng）：高峻突兀。

③ 碧落：指天空。

④ 宝塔：指挂月峰上唐代所建的定光佛舍利塔。

西甘涧呈法天大师①

布被琴囊赤脚担，

盘山处处访名蓝②。

来寻净土青莲寺，

喜遇高僧白石龛。

日坼林光旋作雨，

水浮花气忽成岚。

闻师住近东甘涧，

乞借周颙结草庵③。

① 西甘涧：在河北蓟县西北盘山中，下流分二派，有小山相隔，在西者为西甘涧。

② 盘山：在天津蓟县城西北，历史上誉为"京东第一山"。

③ 周颙：南齐人，字彦伦。初为宋益州主簿，宋明帝时引入殿内，建元中为始兴王前军咨议，直侍殿省，终国子博士。颙音辞辩丽。工隶书，长于佛理。

喜王鲁传至，即次原韵

雀噪衡门旭景收，

轩车远过板桥头。

人来瀼水从呼漫，

宅觅王官未拟休①。

司业留钱浑欲醉②，

监河代粟不知愁③。

十年旧雨今初至④，

安问元戎百尺楼⑤。

① 王官：城名，在山西省闻喜县西。

② 司业留钱：不详。司业，学官名。隋以后国子监置司业，为监内的副长官，协助祭酒，掌儒学训导之政。

③ 监河代粟：监河，监河侯的简称，西河一县令，典出《庄子·外物》，庄周家贫，故往贷粟于监河侯，监河侯曰："诺，我将得邑金，贷子三百金，可乎？"

④ 旧雨：指故旧之交。

⑤ 元戎百尺楼：元戎当为元龙之误。《三国志·魏志·陈登传》许汜曰："昔见元龙，元龙自上大床卧，使客卧下床。"刘备曰："君求田问舍言无可采，如小人欲卧百尺楼上，卧君于地何，但上下床之间邪？"

村　居

卧病空斋百感生，
一灯默守数残更。
瓶花堕案香无力，
园笋穿篱夜有声。
塞北金戈刘越石[1]，
江南词赋庾兰成[2]。
年来恨有名根误，
酒地诗场只自惊。

① 越石：晋魏昌人刘琨之字。愍帝时拜都督并冀幽三州军事。
② 庾兰成：北周文学家庾信，小字兰成。

和万授一见寄①

醉翁曾著归田录②，

君得归田是上乘。

龙井云香双涧水③，

虎林梅破一溪冰④。

稻秧蚕叶民生在，

社酒春灯乐事仍。

天下于今谁好士，

一鞲闲系九秋鹰⑤。

① 授一：清万经字，鄞县人，博通经史性理及金石家言，康熙
进士选庶吉士，授编修。

② 醉翁：宋文学家欧阳修之号。归田录：笔记。欧阳修撰，二卷，
凡一百十五条。为修晚年辞官居颖州时所作，记述朝廷遗闻和当时
士大夫琐事。

③ 龙井：在浙江省杭州市西湖西面风篁岭上，泉水出自山岩中，
四时不绝。

④ 虎林：山名，一名武林山，在浙江省杭州市武林门内。

⑤ 鞲（gōu）：打猎时戴在手臂上的革制袖套，以备架鹰臂上。

寄阿琛亭散骑

十二屏山写柘枝[①]，

频来每诵玉溪诗[②]。

五陵风日燕台曲[③]，

三月莺花锦瑟丝[④]。

亦惜潜夫能著论[⑤]，

漫怜司马不同时[⑥]。

白滩待值梁园日，

点笔春山赋画眉[⑦]。

① 屏山：县名，在四川省南部，金沙江北岸，邻接云南省。柘枝：古歌舞名，自唐人作柘枝词，与舞者歌。

② 玉溪诗：即《玉溪生诗集》，唐李商隐（别号玉溪生）诗。

③ 五陵句：李商隐《燕台诗四首》中句"石城景物类黄泉，夜半行郎空柘弹"。又《西京杂记》"长安五陵人以木为弹，真珠为丸，以弹鸟雀"。五陵，汉五位帝王之陵墓，都在渭水北岸，今咸阳市附近。因地近都城长安，多富豪，风俗奢纵。

④ 三月句：李商隐《早起》诗中有"莺花啼又笑"句。《锦瑟》诗中有"锦瑟无端五十弦，一弦一柱思华年"。

⑤潜夫能著论：潜夫，隐避遁世之人。此句指东汉王符愤世撰写《潜夫论》一书。

⑥司马：即司马迁和司马相如。

⑦此句原注："白家滩有画眉山。"

柬沧州刘思退先生　二首

（一）

海泽蚕耕觉晏如①，

农家亦自有三余②。

缺墙密补淇园竹③，

败架闲抄竺国书④。

岂谓登龙能绣虎⑤，

自非缘木强求鱼。

真灵位业原无分⑥，

乌木仙人号慧车⑦。

① 晏如：平静、安逸。

② 三余：冬者岁之余，夜者日之余，阴雨者时之余也。

③ 淇园竹：淇园，园名，在河南省淇县西北。《述异记》："卫有淇园，出竹，在淇水之上。"

④ 竺国书：即佛经。竺国，即天竺国，古印度别称。

⑤ 登龙：飞黄腾达。绣虎：魏曹植能七步成章，世目为绣虎。此处指能诗文。

⑥ 真灵位业 : 古来道教诸仙之阶业。梁陶弘景曾著《真灵位业图》。此指成仙。

⑦ 乌木仙人句 : 按诗意应是刘思退的自号。

（二）

儒修梵行未能如，
渤海吟诗十载余。
世重三都玄晏序①，
人轻两传马迁书②。
桐花若许眠幺凤③，
仙字当容饱蠹鱼。
野僻穷居今白发，
谁怜下泽少游车。

① 三都 : 指晋左思写的《三都赋》。三都，即蜀都、吴都、魏都。玄晏序 : 晋皇甫谧自号玄晏先生，曾撰《三都赋序》，与《三都赋》并重于世。

② 两传马迁书 : 两传，不详。马迁书，即《史记》。

③ 幺凤 : 鸟名，似凤而小，亦名桐花凤、倒挂子。

喜傅阁峰尚书谕降归自塞外

多时麟阁待边功，

沙漠归来协帝衷。

见说行人能致使，

争传片语已和戎①。

九州输辗沾春露，

万里旌旗转朔风。

自笑王符今老矣②，

几回倾倒布衣中。

① 和戎：古代谓与别族持和平的关系。《左传·襄公四年》："无
终子嘉父，使孟乐如晋，因魏庄子纳虎豹之皮，以请和诸戎。"

② 王符：后汉临泾人，字节信，有志操，隐居著《潜夫论》，
以讥当时得失。

闻西师振旅，寄宁远大将军松庄弟①

闻道王师振旅还，

强胡效顺帝恩颁。

云飘组练归榆海②，

花满弓刀入玉关。

金殿香风齐虎拜③，

珠帘霁日识龙颜。

预知大将论功日，

第一全军返雪山。

① 指清雍正二年，宁远大将军岳钟琪征罗卜藏丹津和准噶尔部，得胜班师。

② 组练："组甲被练"的简称。指军士所穿的两种衣甲，引申为精壮的军队。

③ 虎拜：指臣拜君王。

访鲁谷、远如二上人不值，次日遣送芍药志谢

不见南村古辩才，

禅房芍药独低徊。

欲求迦叶拈花旨^①，

忽送江淹割锦材^②。

金缕玉楼翻鹿苑^③，

露盘霞朵簇香台^④。

铜瓶换水烦纤手，

消受荀炉十日开。

① 迦叶拈花：迦叶，释迦十大弟子之一。传释迦牟尼在灵山会上拈花示众，众皆不解，惟迦叶破颜微笑，因得心传。

② 江淹割锦材：《南史·江淹传》："淹少以文章显，晚节才思微退，云为宣城太守时罢归，始泊禅灵寺渚，夜梦一人自称张景阳，谓曰：'前以一匹锦相寄，今可见还。'淹探怀中得数尺与之，此人大恚曰：'那得割截都尽。'顾见丘迟谓曰：'余此数尺既无所用，以遗君。'自尔淹文章踬矣。"此处指送的芍药。

③ 鹿苑：佛家语，为鹿野苑之简称。为释迦成道后说四谛法、度陈憍如等五比丘之处。

④ 露盘：即承露盘。在通天台上，汉武帝时祭太乙升台俟神灵，仙人掌擎玉杯以承露。

闭　迹

绝迹荒村自掩扉,

萧疏原与世情违。

已成白首谁容老,

纵买青山不许归。

林杪乍昏回雨气,

炊烟欲敛带云霏。

那能更得闲无事,

一卷楞伽拥衲衣①。

① 楞伽:佛教经名,全称《楞伽阿跋多罗宝经》。

题谢隐君兼山《晦迹图》，兼示其孙香祖

龚陈通籍就仙班①，

世有遗民谢叠山②。

晒药犹然来竹外，

修琴不复到人间。

春风秋雨南村老，

剩水残山夕照间。

名德未衰芳躅在③，

鹤雏毛骨玉屏屏④。

① 龚陈：原注："龚芝麓、陈百史"龚鼎孳号芝麓。合肥人，明崇祯进士，降清，康熙间官至礼部尚书，诗古文并工。清陈名夏，字百史，溧阳人。著有《石云居士集》。通籍：籍是二尺长的竹片，上写姓名年龄、身份等，挂在宫门外，以备出入时查对。通籍，即指记名于门籍，可进出宫门。意谓朝中已经有了名籍。仙班：比喻翰林官阶的清贵。

② 谢叠山：宋遗民谢枋得之字。谢枋得曾率义军抗元，宋亡后隐居福建建宁，以卖卜教书为生。

③ 名德句：指谢隐士《晦迹图》。

④ 鹤雏句：赞谢兼山孙香祖。

鹦鹉，和文鲁斋韵

樊雁斋中听好音，

能言谁似陇西禽①。

海多巧语输灵舌②，

鸲鹆缁衣让翠衿③。

汉水一川名士赋④，

金笼十载美人心。

漫教毛羽轻摧折，

春雨春风已往深。

① 陇西禽：即鹦鹉，因产于陇西，故名。

② 海多：原注："鱼名，能人言。"

③ 鸲鹆（qú yù）：鸟名，即八哥，能学人语，毛色纯黑，故说缁衣。

④ 名士赋：指后汉名士祢衡所作《鹦鹉赋》。

白园看芍药诗

同塞晓亭、李眉山、石东村、易淑南、傅凯亭、曹勉仁暨公子厚庵①作

午桥花事到将离②，
浅渚夷犹白舫移③。
异种曾闻紫楼子④，
仙云共识锦灵芝⑤。
诗吟绣句争三叹⑥，
酒酬瑶华且一酾⑦。
节序惊心无赖极⑧，
城中空过牡丹时。

① 塞晓亭：清塞尔赫之别名。李眉山：清李铠别名。康熙中召试鸿博授编修，官内阁学士，后辞官隐居盘山。石东村：清石永宁字。索绰络氏，赐姓石氏，与李铠友善，伴之隐居盘山。祖栻别名。傅凯亭：清傅雯别名。曹勉仁：不详。厚庵：清李光地之别号，康熙进士，累官直隶巡抚文渊阁大学士。

② 午桥：即午桥庄，唐裴度别墅，在河南省洛阳。此处泛指别墅。

③ 夷犹：迟疑不进。

④ 异种曾闻紫楼子：此句原注"园有紫牡丹，异种也"。

⑤仙云、锦灵芝：皆为芍药品种。

⑥三叹：一人唱歌，三人赞叹应和。形容诗文情意婉转而感人至深。晋陆机《文赋》："虽一唱而三叹，固既雅而不艳。"

⑦瑶华：美玉。借指同人佳作。酾（shī 又 shāi）：斟酒。

⑧节序：季节的次第。无赖极：极其无聊。

消暑诗为亭然主人赋

紫府红冰十二楼①，

仙人甜雪古嵊州②。

江声冷叠潇湘梦，

岳气寒生太华秋。

樵响夕阳花戴笠，

渔歌静夜月随舟。

人间自有清凉境，

何必楞伽顶上游③。

① 紫府：神仙的居处。

② 甜雪：甘美之雪。《拾遗记·周穆王》："西王母来，进洞渊红花、嵊州甜雪。"

③ 楞伽：佛家语，山名，在今锡兰岛。

重阳燕集陈石闿大安堂①，有怀阿琛亭　二首

（一）

暮秋风物亦清佳，
白纸坊南仲举家。
古巷萧寥前夜雨，
虚檐明灭远天霞。
时逢剥义须行乐②，
菊值重阳好著花。
白发青尊强解笑③，
旁人错指洛中车。

（二）

笑语从容两不违，
襄阳耆旧爱相依④。
十年羁客先闻雁⑤，
九月严风未授衣⑥。
画角高城残照下，

清砧落木乱鸦飞。

齐云名士俱千古[7]，

不见樊川杜紫薇[8]。

①陈石闾：清陈维岱字。

②剥义：剥，《易经》卦名。剥的卦义是："不利有攸往。"属运数不利。

③青尊：青色的酒杯。

④耆旧：年高而有名望的人。

⑤羁客：指寄居作客的人。

⑥九月句：《诗经·豳风·七月》"七月流火，九月授衣"。《诗经·邶风·终风》"终风，终日有风"。

⑦齐云：楼名，在江苏省吴县，即古之凤华楼，唐曹恭王所建。白居易有《齐云楼晚望诗》。

⑧樊川杜紫薇：即唐诗人杜牧。

铜　烛　檠①

金箓大醮坛物②，余得之兔儿山民家，山即宋花石纲之石也③，金源辇致，积以成之。

大醮坛空法物沉，
连檠古绣口泥金。
青词焚尽斋宫闭④，
浩劫抛残蔓草深。
天上未闻游鹤驾，
人间岂望伴虫吟。
还怜艮岳诸奇石⑤，
两见君王起妄心。

① 檠（qíng）：烛台。

② 金箓大醮：金箓，道家语，天帝之诏书秘文；大醮，道士修行，洁斋七日，祭神。

③ 花石纲：宋徽宗造寿山艮岳，亦称万岁山。派人搜刮民间奇花异石，解往东京，当时运石船队称花石纲。

④ 青词：文体之一，道士斋醮用之。

⑤ 艮岳：假山名。宋徽宗时于禁城东筑之，一名寿峰。

111

祀灶兼呈蒋耦渔①、谢存斋

清宵修祀念寒家，
望里迢迢赤玉车②。
既少黄羊烧柏叶，
又无腊酒煮梅花③。
笑人祈福三钱纸，
愧我输诚一盏茶。
臣已自甘贫贱老，
诗文幸勿委泥沙④。

① 祀灶：祀灶神，古代五祀之一，是一种很古老的神灵崇拜，沿至后世，形成民间的祀灶神活动。宋范成大《祭灶词》："古传腊月二十四日，灶君朝天欲言事。云车风马小留连，家有杯盘丰典祀……"后世一般于腊月廿三或廿四祀灶神，俗称灶王。

② 望里句：望，月光盈满时，指阴历每月十五（小月）或十六日（大月）。赤玉车，饰以赤玉的车，王者乘之。此句"望里"应解为"望中"，是说恍惚间看到灶神乘赤玉车升天。

③ 既少、又无句：此句指缺少祭灶的供品。《后汉书·阴识传》记载：宣帝时，阴子方杀黄羊祭灶神暴为巨富。

④ 诗文句：原注："时耦渔、存斋为余谋订诗稿。"

谢敬斋主人并蒂莲

菡萏双开碧沼芳①，

草亭擎送一枝香。

初看龙藏同心结，

自是天孙合卺觞②。

湘女拍歌惊翡翠，

越侬冲雨打鸳鸯。

褰裳百子池中水③，

对影犹思玉镜光。

① 菡萏（hàn dàn）：即荷花。

② 天孙：织女星。

③ 褰（qiān）：撩起，揭起。

房山道中晓行

林密星疏湿水涯，
一天霜气结须眉。
月浮人梦寒流夜，
雪压鸡声冷出篱。
老去更多儿女累，
贫来仍有路途悲①。
骡纲仿佛商山道②，
四皓高眠总不知。

① 路途悲：《世说新语·栖逸》"阮籍常率意独驾，不由径路，车迹所穷，辄恸哭而返"。

② 骡纲：骡群。指商旅结队而行，前后相续。

敬斋主人召集东园观海棠，恭赋应教

胜事西园侍玉除[①]，

看花老眼暮春初。

燕脂麝粉先怜汝，

翠斝银灯总为渠[②]。

黄鸟仙音歌广席，

紫绵风片堕残书[③]。

锦城漫自思佳丽[④]，

花蕊夫人殆不如[⑤]。

① 西园：一、汉代上林苑之别名；二、在河南省临漳县西，魏武帝所筑，古今题咏甚多；三、湖北省武昌县之西，又有东园，在城东东湖上。后以泛指御花园。玉除：玉阶，宫苑台阶。

② 斝（jiǎ）：古代酒器，圆口，三足。渠：第三人称代词，他。此指海棠。

③ 紫绵：海棠的别名。

④ 锦城：旧时四川成都的别称。

⑤ 花蕊夫人：一、五代前蜀主王建之妃，姓徐称小徐妃，又号花蕊夫人；二、五代后蜀主孟昶之妃，姓徐，一说姓费，青城人，亦号花蕊夫人。

五言排律

谒五祖山①

磴道缘松杪，
莲宫敞碧隈②。
十年耽白业③，
今日问黄梅④。
愿示无生指⑤，
行非有漏才⑥。
曼殊熏法席⑦，
贝叶覆香台⑧。
宝界一灯净⑨，
浔江九派开。
瑶华飞翠羽，
修竹荫寒苔。
慧业惭灵运⑩，
玄机仰万回⑪。

拈香不能去，

身世悟从来⑫。

① 五祖山：即今湖北省黄梅县东山。

② 碧隈（wēi）：碧水弯曲的地方。

③ 白业：无功名。

④ 黄梅：佛家禅宗五祖弘忍，居黄梅山东禅院，人因以"黄梅"称之。

⑤ 无生：佛教术语，涅槃之真理，指天地万物本无生灭。

⑥ 有漏：佛家语，指三界之烦恼。漏是烦恼的异名。

⑦ 曼殊：维摩经所谓文殊师利。《翻译名义》："曼殊师利，此云妙德。"

⑧ 贝叶：贝多罗树之叶，印度人多用以书写佛经之文，亦指佛书。

⑨ 宝界：佛家语，指诸佛之净土，即极乐世界。

⑩ 慧业：佛家语，指智慧之业。

⑪ 玄机：造化的秘密。万回：唐高僧名，号法云公。能预知未来事。

⑫ 从来：佛教的说法，指前生。

贺宪殿公巡抚湖北

闻下中丞命，
还欣异数隆。
剖符唐节度①，
拥盖晋元戎②。
凤仰台衡重③，
今看节钺崇④。
九嶷春雪霁⑤，
七泽楚云通⑥。
吉甫能绳武⑦，
元成卒嗣功⑧。
绍闻孚厥德，
食报在诸躬。
鹤笛江楼外，
仙舟赤壁中。
雄飞天育骏，
雌伏野坰骢⑨。
自笑行藏拙，
宁期出处同。

有时成笑乐，

不自限愚蒙。

往看罗浮蝶⑩，

归栖鄂渚鸿⑪。

风骚寻杜老，

耆旧访庞公⑫。

问法黄梅寺⑬，

参玄太岳宫。

白苹洞庭北，

枫叶汉江东。

缩项鳊鱼美，

流涎酒酝红。

固尝忧道拙，

不复计途穷。

山水平生癖，

乾坤万事空。

长吟呈玉帐⑭，

一鉴此微衷。

① 剖符：古代帝王分封诸侯或功臣，把符节剖分为二，双方各执其半，作为信守的约证，叫作"剖符"。唐节度：唐初沿北周及隋旧制，于重要地区设总管，即节度使，后改称都督，总揽数州军事。此处当指郭子仪。

② 拥盖：群聚覆蔽。晋元戎：当指晋陶侃。侃官至侍中太尉，封长沙郡公，加督交广宁七州军事，拜大将军。

③ 台衡：三公宰相之位。为三台阿衡之省略。

④ 节钺：符节与斧钺，古代授予将帅作为加重权力的标志。以上两句说对方受到重用。

⑤ 九嵏(zōng)：山名，一名九宗山，在湖北孝感县东北八十五里。

⑥ 七泽：在湖北境。

⑦ 吉甫：指周时重臣尹吉甫。绳武：引祖先之行迹以为戒慎。

⑧ 元成卒嗣功：此句原注："公之祖尚书，父侍卫，皆为国名臣。"元成，梁王骞之字。

⑨ 雄飞天育骏，雌伏野坰駥：此句原注"余与公同戊午生"。野坰(jiōng)，郊野。駥(róng)，非常有力的马。此句是说作者与宪殿公虽然同是马年出生，但命运却不相同，一个飞黄腾达，一个隐居郊野。

⑩ 罗浮蝶：蝶之一种，产于广东罗浮山，相传为麻姑遗衣所化。

⑪ 鄂渚：地名，在湖北省武昌西长江中。

⑫ 庞公：即汉庞德公。《后汉书》有传。

⑬ 黄梅寺：即五祖寺，在湖北省黄梅县城东十二公里的东山。

⑭ 玉帐：主将的军帐。此借指巡抚湖北的宪殿公。

五 言 绝

房山六绝句，为巢尚书寄斋赋①

挹 岚 磴

峨峨大房山，
倚杖一时眺。
雪霁数峰青，
风吹暮寒到。

留 云 坞

手携青布囊，
时贮白云影。
醉枕白云眠，
山风吹不醒。

独　树　庵

三峰露远光，
一树遮兰若②。
时与山僧期，
婆娑明月下。

天　桥

秋水饮垂虹，
扶杖过桥去。
回望四山云，
隔断人来处。

柳　泉

寒泉石壁闲，
古柳秋云冷。
道心集虚无③，
悠然与之静。

石 阙

夕阳淡远天，

岚影昏石阙。

采药独归来，

青林吐初月。

① 巢尚书寄斋：刑部尚书巢可托，字寄斋。

② 兰若：寺庙。

③ 道心：佛家语。即菩提心，指求正觉之心。

七　言　绝

广陵春游曲同德园^①　三首

（一）

华灯香月元宵过，
酒面风怀暇日游。
一种消魂隋苑柳，
红桥东畔竹西头^②。

（二）

画舫青帘斗丽华，
宝城杨柳玉钩斜^③。
东风士女红桥路，
都上雷塘看菜花^④。

（三）

绿芜红药亦无多，

愁思当春可奈何。

一道挼蓝邗上水⑤，

与君同听竹西歌。

① 广陵：古县名，秦置，治所在今扬州市。

② 红桥：桥名，在扬州城西北。竹西：亭名，在江苏省江都县北。

③ 宝城：环绕皇陵四周之墙垣。玉钩斜：街道名，在江苏省江都县戏马台下，隋宫女之葬处，一名宫人斜。《广陵志》记载了府治西北有玉钩斜，隋炀帝葬宫人处。

④ 雷塘：地名，在江苏省江都县北。唐平江南后，改葬隋炀帝于此。

⑤ 挼（ruó）蓝：植物名。揉搓可以染蓝色。

石曼卿故居①

月落丹阳曙鸟啼，

东风吹入绿杨溪。

芙蓉城里仙人宅②，

寂寞寒云古木西。

① 石曼卿：宋石延年之字。曼卿为文劲健，诗尤工，与苏舜钦、梅尧臣等齐名。喜豪饮，世称酒仙。

② 芙蓉城：古时传说中的仙境。欧阳修《六一诗话》："曼卿卒后，其故人见之者云，恍惚如梦中。言我今为鬼仙也，所主芙蓉城。"

雪后与钱居士东田玄墓探梅 二首

（一）

渔村樵坞雪模糊，
远近人家俨画图。
水影山光浑不辨，
洞庭山在夕阳无。

（二）

雪夜萧萧入晚清，
霜篷坐觉嫩寒生。
前溪密竹长松里，
无数横枝照水明。

乌　镇

淡云微雨欲晴时，
樱笋江南已过期。
桑叶半稀蚕尽老，
绿杨门巷卖新丝。

登惠山戏柬钱东田^①

七十二峰偃画屏，

具区万顷接天青^②。

九龙山上云松里，

谁道羊裘是客星^③。

① 惠山：山名，在江苏省无锡市西郊。西域僧慧照曾居此山，故名。山有九峰，蜿蜒若龙，又名九龙山。

② 具区：湖名，即今太湖。

③ 谁道句：东汉严光(曾披羊裘钓泽中)为光武帝(刘秀)同窗友，邀共偃卧，严光以足加帝腹。明日太史奏："客星犯帝座甚急。"

瓦 官 阁①

山色江光古瓦官,
金陵南郭早秋寒。
风吹十万青鸢尾,
只为高僧扫石坛。

① 瓦官阁:瓦官寺中之阁名。故址在南京市南面凤凰台。

金　陵

大江春色拂烟鬟，

六代兴亡夕照间。

萧瑟台城数行柳①，

雁声啼过覆舟山②。

① 台城：古城名。故址在今南京市鸡鸣山南乾河沿北。

② 覆舟山：又叫小九华山。在江苏省南京市太平山西侧，此山
形似覆舟而得名。

李后主祠①

古岳寒山万里回，
升元故迹碧云限②。
山中一种蓬莱紫③，
曾向含风殿里开。

① 李后主：五代南唐后主，词人李煜。
② 升元：五代时南唐国主李升年号。
③ 蓬莱紫：原注"花名"。

盘　山　二首

（一）

仙杏云中万树栽，

一盘开尽一盘开。

却因翠壁红霞好，

不为黄蘑紫蕨来。

（二）

二老风流宛在兹[1]，

黄岗禅理济南诗[2]。

心空境寂俱无着，

却向文殊拜本师。

[1] 二老：指王士祯与王泽宏。

[2] 黄岗禅理：指清诗人王泽宏，因其为湖北黄岗人，故称。济
南诗：指清诗人王士祯，因其为山东济南府新城人，故称。

晾　甲　石①

天子征辽大海东，
回銮何似永安宫②。
雄心未是能销歇，
自写丰碑祭郑公③。

① 晾甲石：盘山中一石名。清智朴著《盘山志》载："晾甲石，
山南西涧中，相传唐太宗东征幸此，三军晾甲处。"

② 永安宫：三国时宫殿，在四川省奉节县东北卧龙山下，蜀汉
刘备崩于此。

③ 郑公：疑指郑成功。明清之际收复台湾的名将。

卫 公 庵①

伫听闲僧话劫灰②，

东征莫比卫公才。

低徊梵雨禅云里，

不上英雄舞剑台③。

① 卫公庵：即万松寺，原名李靖庵，传为唐代名将李靖所建，靖封卫国公，故名卫公庵。在天津蓟县盘山天成寺北。

② 劫灰：佛家语，天地大劫，洞烧之余，谓之劫灰。即劫火之灰。

③ 舞剑台：盘山舞剑峰顶，传为李靖舞剑处。

盘　泉①

一涧飞流万壑松，
玉龙初落九华峰。
倚筇听到无声处，
忽地风回戒定钟②。

① 盘泉：泉名，在盘山晾甲石东，有石壁，上刻"盘泉"二字。
② 戒定钟：佛家语，僧寺于初更五点后鸣钟十八称定钟，亦称
十八钟。坐禅至此时而止。

娄山幽居寄唐静岩①

数峰青峭俯堂坳，

好鸟和鸣春夏交。

酒榼渔竿闲访处，

一溪修竹读书巢。

① 唐静岩：清唐岱，号静岩。康熙时官参领。

题画与京口刘德园①

漫写春山淡若空，

润州城郭柳丝风②。

一双白鸟清江外，

二十年前访戴公③。

① 京口：古城名。故址在今江苏省镇江市。

② 润州：州名，隋开皇十五年（595）置，治所在延陵（今镇江市）。辖境相当于今江苏镇江市、丹阳、句容、金坛等县地。

③ 访戴公：《世说新语·任诞》王徽之雪夜起兴，驾舟访戴逵故事。后世用以称访友。

题 杂 画 二首

（一）

新水江南画舫过①，
东风杨柳蘸清波。
不教社酒前村醉，
奈此杏花春雨何。

（二）

珍木茏葱古雪苔，
九龙山色碧崔嵬②。
昆明劫后云林宅，
特问飞羊故迹来。

① 新水：春水。

② 崔嵬：高峻的样子。

题阿散骑琛亭《花鸭图》

芦塘获渚绿波生，
画里秋容眼倍明。
侬是雷溪旧渔父，
爱君花鸭不呼名。

明 妃 曲①

塞南空见塞云飞，

一代红颜去不归。

冰雪年年穹帐里，

可怜犹着汉宫衣。

① 明妃曲：乐府名，咏西汉元帝妃王昭君事。晋避文帝司马昭讳，改昭为明，后世遂沿称明妃。

上 阳 女①

网户云深玉漏稀②，
年年唯有泪沾衣。
上阳宫女头如雪，
闲坐残阳数雁飞。

① 上阳女：上阳宫女。唐玄宗时，杨贵妃专宠，六宫有美色者，便置别所，上阳宫即其一。

② 网户：雕梁画栋，华丽的房屋。

阿琛亭散骑宅听姬人度曲^①　二首

（一）

伏雨阑风画栋凉，
玉堂瑶席紫兰香。
樽前不禁添愁思，
白发萧骚锦瑟旁^②。

（二）

宝钗霞袖缀明珠，
璧月琼枝拟似无^③。
供奉几人头白尽^④，
琵琶弟子李仙奴。

① 姬人：妾。度曲：按曲唱歌。

② 萧骚：形容萧条凄冷。韦庄《南省伴直》诗："满庭风雨竹萧
骚。"此处借指头发稀短。

③ 璧月：指月圆如璧。

④ 供奉：伺候天子或高官当差的人，尤指艺人。

友人宅听曲　二首

（一）

萧寺春寒惹鬓丝①，
强成歌笑总成痴。
年来老病风情减，
不是旗亭画壁时②。

（二）

天风环珮响清园，
赵女秦筝倍可怜③。
锦瑟不须弹夜月，
雁声飞入十三弦。

① 萧寺：佛寺。传梁武帝萧衍造佛寺，命萧子云大书"萧寺"二字，后为寺庙通称。

② 旗亭：古代的市楼，用以指挥集市。亦指酒楼。

③ 赵女：指战国赵都城邯郸歌女。秦筝：古代弦乐器之一种。相传秦人蒙恬改制，故名。

同阿琛亭丰台看芍药归，过祖氏园亭　二首

（一）

右安门外逐轮蹄①，
芦叶荷钱满碧溪。
一色江南三十里，
衣香人影草桥西②。

（二）

绿树金莺睍睆时③，
瑯瑯风调妙题诗。
水葓鱼藻多情在，
不见红霞晒鹭鸶。

① 右安门：北京外城西南角城门。

② 草桥：桥名，在北京右安门外，离丰台十里。

③ 睍睆（xiàn huàn）：此处用同间关，鸟鸣声。

挂 帆

秋宵野岸草虫多，
挂席吟诗和棹歌。
明月满船风水急，
客星昨夜犯天河。

倪高士湖山小景①

苍茫荒率写天真，
修竹幽亭不见人。
曾到水香云洁处，
九龙山色太湖滨。

① 倪高士：元画家倪瓒，隐居不仕，世称倪高士。湖山：在江苏省江宁南三十里。

清明扫墓

寒食溪村不禁烟，
柳芽杏蕊卖饧天^①。
鹿门妻子牛车缓^②，
绝似庞公上冢年。

　　① 卖饧（táng）天：卖麦芽糖的季节。旧俗，清明前后，摘未熟杏子叫卖，称青杏，味酸，常同麦芽糖（饴糖，即饧）就食，以解酸。

　　② 鹿门：山名。在湖北省襄阳县东南。

题《玉衡阁图》

崦内林庐崦外溪①，

数峰青影压篱低。

水沉一炷闲无事，

人在空堂扫燕泥②。

① 崦（yān）：山。

② 燕泥：燕子衔泥做筑巢落地之泥土。

读《柳河东集》①

楚水湘山深复深，

三闾吟后柳州吟②。

一声欸乃真清绝③，

只有眉山是解音④。

① 柳河东：唐文学家、哲学家柳宗元，河东人，世称柳河东。

② 三闾：指我国古代楚国大诗人屈原，因曾任三闾大夫，故称。
柳州：柳宗元曾任柳州刺史，故称。

③ 欸乃句：欸乃，摇橹声。此句指柳宗元《渔翁》中诗句"烟
销日出不见人，欸乃一声山水绿"。

④ 眉山：指宋代文学家苏轼，四川眉山人。

高且园《中条云瀑图》①

明星瀑水半天寒，
影落秋云泻石湍。
欲向中条买茅屋，
玉溪故宅在王官②。

① 高且园：清人，名其佩，字章之，号且园。善指头画，人物花鸟，信手而得，四方重之。中条：山名，山西省虞乡县（今山西永济虞乡）东南。

② 玉溪：指唐代诗人司空图。

石涛《秋山独往图》①

秋溪朝日映明霞，

满涧云香落桂花。

有客鹿门寻故迹，

寒山修竹孟公家②。

① 石涛：清初画家朱若极之字。曾为僧，法名原济，亦作元济
（后人误传为道济）。又号苦瓜和尚、大涤子、清湘陈人等。

② 孟公：指唐代诗人孟浩然，曾隐居鹿门山。

送顾尔立携家归松陵①

秋风吹送布帆斜，

怪道归时兴倍赊②。

七十二峰明镜里，

太湖西面是君家。

① 顾尔立：清震泽顾卓之字。卓善画工诗。康熙初游京师，为安亲王所重。松陵：唐代苏州镇名。

② 赊（shē）：多的意思。

寄 房 山

昔年送我沧州去，
五字韦郎季孟间①。
白日黄花诗句好，
令人长忆大房山。

① 五字：指唐诗人孟浩然，因诗以五言见长，故称。韦郎：指
唐诗人韦应物。季孟间：原指鲁大夫季孙氏与孟孙氏之间。后世谓
上下即伯仲之间。

为承斋侄题恽南田画册①

著咏王风正不淫②，
几丛香结画阑深。
分明一种闲花草，
费尽东风日夜心。

① 恽南田：清初画家恽寿平，号南田。
② 王风：《诗经》国风之一，旧谓王风为正风，不同于郑、卫邪淫之声。

155

敬斋主人赐观王晋卿《渔社图》归成半格①

萧斋名绘品题归，

谁道贫家古画稀。

金翠西峰新雨霁，

玉衡阁外挂斜晖②。

① 王晋卿：宋王诜之字。诜能诗善画又工弈棋，与苏轼等为友。半格：即半格诗。白居易《长庆集》有半格诗；赵执信《声调谱》以半格诗为半古半律之一体；汪立名《白香山诗后集·半格诗注》"则半格诗者，谓此卷中，一半格诗，一半律诗耳"。

② 玉衡：作者的书斋名。

效元遗山论诗绝句　四十七首

（一）

里谣巷语自言情，
治乱污隆系此声①。
一一弦歌心太苦，
须知尼父尚和平②。

① 治乱污隆：安定与动乱，衰朽与昌盛。
② 尼父：对孔子的尊称。

（二）

五官才调比陈思①，
那得应刘许并驰②。
真是才华倾八斗③，
国风初变建安诗。

157

① 五官：即三国魏诗人应场，因曾为五官将文学，故称。

② 应刘：即"建安七子"中的应玚、刘桢。

③ 才华倾八斗：指曹植的才华之高。《南史·谢灵运传》灵运曰："天下才共一石，曹子建独得八斗……"

（三）

老骥雄豪奈尔何，

时时一击唾壶歌①。

公然作贼推能手②，

可及并州夜枕戈。

① 时时句：《世说新语·豪爽》记载：晋王敦（处仲）"每酒后辄咏'老骥伏枥，志在千里。烈士暮年，壮心不已'，以铁如意打唾壶，壶口尽缺"。

② 公然句：此指曹操挟天子以令诸侯。《三国志·吴志·周瑜传》"操虽托名汉相，实汉贼也"。

（四）

古风浇薄自兴悲①，

广武凄然有所思②。

谁识阮公忠愤语③，

不难情测咏怀诗④。

① 浇薄：指人情轻薄。

②广武句：三国时，文学家阮籍曾登荥阳广武山观楚汉战场，发出"时无英雄，遂使竖子成名"的感叹。

③阮公：即阮籍。

④咏怀诗：即阮籍的代表诗作《咏怀诗》八十二首。

（五）

龙性谁云不可驯①，

隽才伤俗合藏身②。

长吟目送飞鸿语③，

自是风尘以外人。

①龙性：指难驯之性。

②隽才伤俗：指三国时文学家、思想家、音乐家嵇康，其人品高尚，文辞壮丽，"刚肠疾恶""与物多忤"，不同流俗，为司马氏所不容，而遭杀身之祸。

③长吟句：指嵇康诗句"目送飞鸿，手挥五弦"。

（六）

阵马溪兔语不繁，

子猷七字解微言①。

天机拈出诗中秘，

证入禅宗不二门。

①子猷：晋书法家王徽之之字。

（七）

栗里风开淡穆春[1]，

一吟一字总天真。

义熙尚有关心事[2]，

岂便羲皇以上人[3]。

① 栗里：古地名，在今江西省九江市南陶村西，东晋诗人陶渊明之故居。

② 义熙：东晋安帝（司马德宗）年号。陶渊明辞去彭泽令归田在义熙元年（405）。

③ 羲皇以上人：伏羲氏以前的人，即太古的人民。《晋书·隐逸传》陶潜尝言："夏月虚闲，高卧北窗之下，清风飒至，自谓羲皇上人。"

（八）

春草池塘美谢公[1]，

后贤苦效竟难工。

白云绿筱何骀荡[2]，

绰有天机在梦中。

① 春草池塘：指南朝宋诗人谢灵运《登池上楼》中诗句"池塘生春草，园柳变鸣禽"。谢公：即谢灵运。

② 白云绿筱：指谢灵运《过始宁墅》诗中名句"白云抱幽石，绿筱媚清涟"。

（九）

花覆春洲杂落英，

青莲低首谢宣城①。

丹霞锦树虽成绮，

要在澄江似练明②。

① 谢宣城：南朝齐诗人谢朓，曾官宣城太守，故称。李白（青莲）佩服谢朓，登华山落雁峰云："恨不携谢朓惊人诗来。"又谓"一生低首谢宣城"。

② 丹霞锦树虽成绮，要在澄江似练明：指谢朓《晚登三山还望京邑》中名句"余霞散成绮，澄江净如练"。

（十）

草白沙寒有所思，

高歌音节气淋漓。

西风敕勒穹庐曲①，

定是英雄本色诗。

① 西风敕勒穹庐曲：指南北朝时鲜卑族人斛律金所作《敕勒歌》"敕勒川，阴山下。天似穹庐，笼盖四野。天苍苍，野茫茫，风吹

草低见牛羊。"

（十一）

轹谢陵颜有定论①，
韩陵片石复何言②。
桐花槐影无人赏，
空尔流传吐谷浑③。

① 谢、颜：即南朝宋诗人谢灵运、颜延之。

② 韩陵片石：指北魏温子升所撰《韩陵山寺碑》。唐张鸶《朝
野金载》记："温子升作《韩陵山寺碑》（庾）信读而写其本。南人
问信曰：'北方文士何如？'信曰：'惟有韩陵山一片石堪共语……'"

③ 吐谷（yù）浑：古族名。原为鲜卑的一支。西晋末，首领吐
谷浑率所部西迁今甘肃、青海间，再传至孙叶延，始以吐谷浑为姓氏。

（十二）

薛郭英才不比肩①，
金华山色独婵娟。
风尘蹭蹬麒麟老②，
好惜陈公感遇篇③。

① 薛郭：指隋诗人薛道衡和东晋文学家、训诂学家郭璞，他们
都是河东（今山西）人。

② 蹭蹬：失势难进的样子，比喻遭遇挫折、潦倒失意。

③ 陈公感遇篇：指唐代诗人陈子昂的代表作《感遇》诗共三十八首。

（十三）

凌云逸气谪仙人，

泚笔淋漓气格新。

秋水芙蓉去雕饰，

天然一语足传神。

（十四）

老杜篇章出国风①，

诗中疏凿禹同功②。

北征自具炉锤手③，

抉剔南山未是工。

① 老杜：指唐代大诗人杜甫。国风：指《诗经》。

② 疏凿禹同功：开其阻塞，使之通畅，功绩如同大禹治水。

③ 北征：指杜甫的长篇叙事诗《北征》。

（十五）

金粟仙人合乞灵[①]，

王风南雅足仪型[②]。

水穷云起称无敌[③]，

妙旨原来是梵经[④]。

① 金粟句：此指唐代诗人王维写金粟影如来之事。《唐诗纪事》佛家有金粟影如来，王维援笔写之，放开毫光，观者皆倍施其财。

② 王风南雅：指《诗经》中王风之周南、召南及大雅、小雅而言。

③ 水穷云起：指王维《终南别业》诗中的名句"行到水穷处，坐看云起时"。

④ 梵经：即佛经。王维漫淫佛学甚深，诗中蕴含禅意。

（十六）

襄阳五字是余师，

逸韵天成更不疑。

挂席名山牛渚月[①]，

青莲诗是鹿门诗[②]。

① 挂席句：指孟浩然《晚泊浔阳望庐山》中诗句"挂席几千里，名山都未逢"。和李白《夜泊牛渚怀古》中诗句"牛渚西江夜，青天无片云。明朝挂帆席，枫叶落纷纷"。

② 青莲：即李白，因曾居锦州昌隆青莲乡，故号青莲居士。

鹿门：即孟浩然，因隐居襄阳鹿门山，故称。

（十七）

蹑笏文场独角麟①，

曲江拈出却清新②。

英雄故作欺人语，

诘曲聱牙莫认真③。

① 蹑笏（niè niè）：踏的意思。独角麟，比喻稀罕可贵的人才。这里指唐代诗人孟郊秋试举进士。

② 曲江句：此句指诗人中举后，在长安的曲江写出《登科后》一诗，其中"春风得意马蹄疾，一日看尽长安花"句，为后人留下了"春风得意"与"走马看花"两个成语。

③ 诘曲聱牙：指诗文曲折，艰涩难读。

（十八）

左司高格任天真①，

古质闲情似晋人。

却笑香山白太傅②，

只将白雪替阳春③。

① 左司：官名。这里指唐代诗人白居易，因其官左拾遗、左赞

善大夫，故称。

②香山白太傅：白居易自号香山居士，曾官太子少傅，故称。

③白雪阳春：古代楚国歌曲名，当时认为是较高级的音乐，后用以指作品或言论高雅不凡，也形容人才能出众。

（十九）

乐府遗音里社词，
刘郎实是美门师①。
山长水远巴中女，
明月满船歌竹枝②。

①刘郎句：原注："彭侍郎孙遹竹枝词最佳。"刘郎，即唐代诗人刘禹锡，因其《再游玄都观》中诗句："种桃道士归何处，前度刘郎今又来。"此处的刘郎为诗人自称。后世常以刘郎称之。

②竹枝：即竹枝词，是巴渝民歌中的一种。刘禹锡创作的《竹枝词》"开朗流畅，含思宛转"，在唐诗中别开生面。

（二十）

元白才华两足雄①，
追随上下似云龙。
元和风骨居然妙②，
得意输他冷淡中。

① 元白：即中唐诗人元稹、白居易。

② 元和风骨：即元和体，唐元和年间盛行的长篇排律诗体，元稹常用此体与白居易相唱和。

（二十一）

随州响接辋川清①，

仲武雌黄孰重轻②。

论古须分泾渭水③，

文房那不是长城④。

① 随州：古地名，唐诗人刘长卿终随州刺史，世称刘随州。辋川：水名，即辋谷水。在陕西省蓝田南，源出秦岭北麓。唐诗人王维曾置别业于此。故世称王维为王辋川。

② 仲武：元贾文备之字。雌黄：矿物名。黄色颜料，古人用以涂抹文章中的错字，引申为批评。

③ 泾渭水：二水名。泾水清、渭水浊，后常用以比喻人品的清浊。

④ 文房：刘长卿之字。长城：刘长卿各体诗皆有佳作，尤工五律，曾自诩为"五言长城"。

（二十二）

盱眙妙句每通神①，

瑶瑟清弹出美人。

莫笑欧公厌刍豢②，

画图先属厉归真③。

① 盱眙（xū yí）：县名，原属安徽，今属江苏。本句所咏当为
唐诗人常建，大历中为盱眙尉，有诗集一卷传于世。

② 刍豢：《孟子·告子上》："故理义之悦我心，犹刍豢之悦我
口。"朱熹注："草食曰刍，牛羊是也；谷食曰豢，犬豕是也。"此
泛指家畜。

③ 厉归真：后梁人，道士，善画牛虎。

（二十三）

寄托文心是杜鹃，
玉溪五十惜华年①。
却怜锦瑟无人会②，
枉把青衣作郑笺③。

① 玉溪：唐诗人李商隐号玉溪生。生于约 813 年，卒于约 858 年，
故诗中说："玉溪五十。"

② 锦瑟句：指李商隐的代表作《锦瑟》等诗的主题暧昧难理会，
需要读者仔细推敲。

③ 郑笺：东汉经学家郑玄所作《毛诗传笺》的简称。

（二十四）

玉溪诗法昌黎笔①，

孔鼎商盘各擅场②。

千古大文终不灭，

人间别有段文昌③。

①昌黎笔：唐代文学家韩愈因自谓郡望昌黎，世有韩昌黎之称。南北朝时，人称散文为"笔"，唐朝时相沿成习。昌黎笔，即韩愈的散文。

②孔鼎商盘：孔庙之鼎，殷商王沐浴之盘。李商隐《韩碑诗》："汤盘孔鼎有述作，今无其器存其辞。"

③段文昌：唐人，字墨卿，一字景初，穆宗朝入相，出为剑南西川节度，文宗朝拜御史大夫，封邹平郡公，自编《食经》五十卷。

（二十五）

彩笔凌云第一流，

秾华不复梦扬州①。

春风豆蔻浑闲事②，

头白伤心赋杜秋③。

①梦扬州：唐诗人杜牧《遣怀》诗"十年一觉扬州梦"。

②春风豆蔻：豆蔻，植物名，喻少女。杜牧《赠别》诗："娉娉袅袅十三余，豆蔻梢头二月初。春风十里扬州路，卷上珠帘总不如。"

③赋杜秋：杜秋，即唐金陵女子杜秋娘，杜牧曾作《杜秋娘诗》。

（二十六）

处士风流得静因[①]，

扁舟摇荡有闲身。

水边雪后真消息[②]，

漏泄梅花万古春[③]。

　　①处士：古时称有才德而隐居不仕的人，这里指宋代隐西湖孤山的诗人林逋。林的咏梅诗最有名。

　　②水边句：指林逋著名的咏梅花诗句："雪后园林才半树，水边篱落忽横枝。"

　　③漏泄梅花：指林逋《山园小梅》中的名句："疏影横斜水清浅，暗香浮动月黄昏。"

（二十七）

欧似昌黎无古奥[①]，

梅如东野有清奇[②]。

空江白鹤风人旨[③]，

清庙朱弦大雅词[④]。

　　①欧句：宋代著名文学家欧阳修，师法韩愈，却无怪字险语。

　　②梅句：宋代诗人梅尧臣的诗如同孟郊，以清新奇妙见长。梅尧臣《和永叔澄心堂答刘原甫》诗有"欧阳今与韩相似""以我拟

雷溪草堂诗集

郊嗟困摧"之句。

③ 空江句：风人，即诗人。"正见空江明月来"和"时有白鹤飞水双"是欧阳修的名句。

④ 清庙句：清庙朱弦，见《礼记》"清庙之瑟，朱弦而疏越，一唱而三叹有遗音者矣"。这里说欧阳修和梅尧臣的诗像清庙朱弦唱出雅正之辞。

（二十八）

扶摇九万一微尘，
太白风流五百春①。
楼阁空中弹指现②，
恐教百态乱天真③。

① 太白风流五百春：唐代大诗人李白生于 701 年，卒于 762 年，南宋诗人刘过生于 1154 年，卒于 1206 年，两人相距近五百年。

② 楼句：指刘过的代表作七言古诗《题润州多景楼》和《登多景楼》。

③ 天真：指未受世俗影响的天然本性。

（二十九）

豫章孤诣本天成①，
一旅提来破一城②。
隔代无人见曾柳，

任教老气九州横④。

① 豫章：宋代道学家罗从彦，字仲素，学者称之曰豫章先生。
孤诣：指学业道德达到独特高深的程度。

② 一旅：古时以兵士五百人为一旅。

③ 见曾柳：见，加。引申为遇到、超过。曾即北宋散文家曾巩；
柳即唐文学家柳宗元。二人均列入"唐宋八大家"。

④ 老气九州横：指老成练达的气派横贯九州。杜甫《送韦评事
赴同谷判官》诗句："子虽躯干小，老气横九州。"

（三十）

针线天工苦绣春，
放翁曾不费精神①。
如何又阐诗家秘，
不独穷人亦瘦人。

① 放翁：南宋诗人陆游之号。

（三十一）

神清韵胜乃天然，
有似云山断复连。
契入沧浪微妙旨①，
拈来便不落言诠②。

① 沧浪句：此句说南宋诗人、文学批评家严羽，把如何进行诗歌创作及批评均纳入其著作《沧浪诗话》。

② 言诠：在言词上留下的迹象。严羽《沧浪诗话·诗辩》："不涉理路，不落言诠者，上也。"

（三十二）

清言蕴籍见文心①，
诗品能还正始音②。
细写明珠穿一线，
遗山不惜度金针③。

① 文心：即南朝梁刘勰著的《文心雕龙》。

② 诗品：有二：一、南朝梁钟嵘所著，是我国文学理论批评史上第一部诗论专著。二、唐司空图撰。分诗为二十四品，各以四言韵语写其意境。

③ 度金针：指传授秘法之辞，元好问《论诗绝句》中有"鸳鸯绣出从君看，莫把金针度与人"之名句。

（三十三）

春霞染岫品高流，
神韵多于风调求。
名句何曾为画掩，
流将春梦到杭州①。

① 该诗所咏者为南宋词人周密。周密品格俊雅，不但能诗，还善书画，宋亡不仕，居杭州，与张炎、王沂孙等结社唱和，以歌咏著述自娱。

（三十四）

绕郭青山白下深①，
青邱逸韵有清音②。
低徊再读明妃曲③，
犹是忠君爱国心。

① 白下：即白下城，在江苏省江宁西北，本名白石陂。唐武德时改金陵为白下，移治白下故城，故亦称江宁为白下。此指金陵。

② 青邱：元末明初诗人高启，长洲（今江苏苏州）人。元末隐居吴淞青丘，自号青丘子。其诗爽朗清逸，代表作为《登金陵雨花台望大江》。

③ 明妃曲：乐府名，咏前汉元帝妃王昭君事。

（三十五）

千年不见浣花翁①，
谁是光芒万丈雄。
金丹换骨须能手，
中州只有李空同②。

① 浣花翁：唐代大诗人杜甫，其故宅在四川省成都浣花溪，别号浣花草堂。

② 中州：古地区名。即中土、中原。狭义的中州指今河南省一带，因其地在古九州之中得名；广义的中州或指黄河流域，或指全中国而言。李空同：明代文学家李梦阳号空同子。曾徙居河南开封，其文学主张"文必秦汉诗必盛唐"，是当时文坛复古主义运动的领袖。

（三十六）

松圆七律旧称能①，
绵丽清新最上乘。
一片云英全化水，
秋来契入玉壶冰。

① 松圆：明代诗人程嘉燧之号。嘉燧精音律，工书画，尤长于诗，世称松圆诗老。

（三十七）

黄岗决起少陵孙①，
皂帽吟诗白下门②。
幸有阿逋知己在③，
一篇论定杜茶村④。

① 黄岗：县名，在湖北省东部，长江北岸。少陵孙：即唐代大

诗人杜甫之孙杜浚。

②　白下：南京别称。

③　幸有句：原注："黄以逋金陵名士。"

④　杜茶村：清黄岗人杜浚之号。浚少负才名，崇祯时太学生，入清，隐居金陵不出，善诗文。

（三十八）

不识成都扬子云[①]，
渔洋品藻世人闻[②]。
流风古调传来少，
又得高城谢郭君。

①　扬子云：西汉文学家扬雄，字子云，蜀郡成都人。
②　渔洋：清初诗人王士禛，号阮亭，又号渔洋山人。

（三十九）

蚕尾诗名天地间[①]，
清裁妙诣证仙班[②]。
真灵位业余无分，
未向崆峒问道山[③]。

①　蚕尾：山名，在山东省。
②　清裁：指诗的格调清新。

③ 崆峒：即崆峒山，在甘肃省平凉县西三十公里，历代为道教名山。

（四十）

王考功与王给谏[1]，
秋风共咏古汾雕。
神标秀骨名殊众，
只爱焦山古鼎诗[2]。

① 王考功：即清代诗人王士禄，因官吏部考功员外郎，故称。王给谏：即王士禄之弟王士祜。

② 焦山：山名，在江苏省镇江东北长江中，因东汉陕中焦光隐居山中而得名。山有普济禅寺。古鼎：元代僧祖铭之字，法号慧性宏觉普济禅师，工诗，有《古鼎外集》。

（四十一）

云顶茶楼竦半身[1]，
尚书隐处杏花春。
绿旗香破铜瓶水[2]，
旧纸尘昏品故人。

① 云顶茶楼：原注："房山峰名。"

② 绿旗：指冲泡后的绿茶叶片。

（四十二）

眼前谁是出群雄，
岭外称诗独漉翁①。
曾见罗浮香雪里②，
梅花开到六分中。

①岭外：即岭南。独漉翁：清代诗人陈恭尹号独漉山人。恭尹工于诗，兼精书法，与屈大均、梁佩兰称"岭南三家"，为"岭南七子"之一。

②罗浮：即罗浮山。在广东省东江北岸，增城、博罗、河源等县间。道教称为"第七洞天"，为粤中游览胜地。此指陈恭尹，因恭尹自号罗浮布衣。

（四十三）

青青满地王孙草①，
薄薄一天神女云②。
锦瑟香奁从位置，
陈王卷内洛神文③。

①王孙草：指春草。《楚辞·招隐士》："王孙游兮不归，春草生兮萋萋。"白居易诗："又送王孙去，萋萋满别情。"

②神女云：即晚霞。宋玉《神女赋序》："楚襄王与宋玉游于云

梦之浦，使玉赋高唐之事，其夜王寝，梦与神女遇。"

③ 洛神文：即曹植所作《洛神赋》。

（四十四）

清气乾坤托性灵，
小长芦客许宁馨①。
草堂何用龙文鼎②，
只爱梅花插胆瓶③。

① 小长芦客：清代诗人朱彝尊，别名小长芦钓鱼师。宁馨："这样"的意思。

② 龙文鼎：有龙形花纹的鼎。《文选》班固《宝鼎诗》："宝鼎见兮色纷纭，焕其炳兮被龙文。"

③ 胆瓶：颈部细长而腹部大的花瓶，形状有点像胆囊。

（四十五）

意中西国眼中图，
摘尽骊龙颔下珠①。
惭愧吟诗题小照，
直将全力到韩苏②。

① 骊(lí)龙句：骊龙，古谓黑色的龙。此句为"探骊得珠"之意。《庄子·列御寇》："河上有家贫持纬萧而食者，其子没于渊，得千金之珠。其父谓其子曰，'取石来锻之。夫千金之珠，必在九重之渊，而骊

龙颔下，子能得珠者，必遭其睡也。使骊龙而寤，子尚奚微之有哉？'"煅，椎破。后常用"探骊得珠"比喻行文能得题中精蕴所在。

②韩苏句：韩，即唐代韩愈。苏，即宋代著名文学家苏轼。此句是说清初诗人钱谦益在诗歌创作中师法韩、苏。他的学生瞿式耜在《牧斋先生初学集目录后序》中说："先生之诗，以杜、韩为宗，而出入于香山、樊川、松陵以迄东坡、放翁、遗山诸家，才气横放，无所不有。"

（四十六）

渐悟何如顿悟功①，
已公以后见苍公。
审声论格诗人事，
并入高僧妙谛中。

①渐悟、顿悟：佛家以"渐悟"说为教义的一派。指积学修行，心明累尽，而达无我正觉境界；持"顿悟"说者谓直闻大乘，行大法不离此生，即得解脱，即得佛果。此处以佛说喻诗境。

（四十七）

伪体元王尽别裁①，
参言欲勒古风回②。
惜身未到娜嬛洞③，
一照荀家铁镜来。

① 伪体：古代论诗常以《诗经》中《国风》《二雅》为诗歌创作的标准，称为正体，不符合此标准者则为伪体。元王：指伪体的主张者。

② 参言：指参论诗的另一些人。

③ 嫏嬛洞：神话中天帝藏书的地方。

王石谷《江山雪霁卷》被人攫去^①

江山已化白云飞，

临别还开泪湿衣。

景色凄凉何所似，

汉庭此日嫁明妃^②。

① 王石谷：清代画家王翚，字石谷。常熟人，康熙中以布衣供奉内廷，善画山水。

② 明妃句：汉元帝时的王昭君和亲之日。此借昭君出嫁匈奴时的伤心情况以喻《江山雪霁卷》失去的心情。

十六日过宁邸，适有清诗见寄，勉成应教　四首

（一）

回首长安漫浪身[①]，
太平灯火帝城春。
日华宫里看明月，
耐此清光耗磨辰。

（二）

遥闻碧落雁飞声，
拜读瑶章七字清[②]。
明月冻光金水彻，
梅花香气玉箫轻。

（三）

粉云香雾夜腾腾，
十二瑶台隔五陵[③]。

忆向红霞歌玉树，

画衣人影似春灯④。

（四）

阆苑归来独怆神⑤，

梦中花月不曾真。

上元令节萧寥过⑥，

强起看春不当春。

① 漫浪身：形骸散漫放浪。

② 瑶章：华美珍贵的诗文。

③ 瑶台：神仙之居处，亦喻月宫。晋王嘉《拾遗记》"（昆仑）山旁有瑶台十二，名广千步，皆五色玉为基"。李商隐《无题诗》"如何雪月交光夜，更在瑶台十二层"。

④ 画衣：画有文彩的衣服。春灯：春夜（常指元宵夜）之灯。

⑤ 阆（làng）苑：神话中神仙的住处。

⑥ 上元：旧以阴历正月十五为上元节，其夜为上元夜，也叫"元宵"。

赠介庵上人

梵修儒行已成痴[1]，

闭户浑如面壁时。

举世倾心陈太守[2]，

无人低首永禅师[3]。

① 梵修儒行：指佛家修养、儒家言行。

② 陈太守：即清陈奕禧，号香泉，因出任贵州石阡府，改江西南安知府，故称。奕禧少即工诗，尝以"斜日一川汗水北，秋山万点益门西"见赏于王士祯。

③ 永禅师：南朝陈永欣寺僧智永。智永善书，能兼诸体，草书尤胜，临书三十年，得真草《千字》八百余本。

渔 家 词 八首

（一）

小船张网大船罾①，
前浦荷花后浦菱。
春采红菱夏采藕，
菰蒲影里笑腾腾。

（二）

暂停短棹成鱼市，
晚聚沧洲即水村。
明日邻舟当晒网，
三高祠下醉吴门。

（三）

西塞桃花泛小舲②，
倚滩樵爨有樵青③。

方将解缆前湖去，
龙挂船头雨气腥④。

（四）

溪上女儿花不如，
日日溪头来卖鱼。
得钱换得青铜镜，
自疑身在镜中居。

（五）

欸乃清音近楚词，
女儿声里棹歌迟。
水仙庙外空云水，
水远云凉唱竹枝。

（六）

雷溪白发老渔郎⑤，
自诩能歌水调长⑥。
旧曲人前歌不得，
新声让与柳枝娘⑦。

（七）

异曲同工绝妙词⑧，
夔州诗后石城诗⑨。
一声水调无人唱，
除是渔人那得知。

（八）

荻芦自拜太湖公⑩，
风月溪山兴不穷。
渔社渔人议渔事，
忘机更有信天翁⑪。

① 罾（zēng）：一种以竹竿或木棍为支架的方形渔网。

② 西塞桃花：指西塞山下的桃花流水。西塞山，在浙江省吴兴西南。唐诗人张志和词有"西塞山前白鹭飞，桃花流水鳜鱼肥"句。

③ 樵爨：取柴烧火做饭。樵青：唐诗人张志和之女婢名，这里指女婢。

④ 龙挂：吴越地方五六月间雷雨之际所产生的自然现象。《避暑录话》"吴越之俗，以五月二十日为分龙日。故五六月间，每雷起云簇，忽然而作，或浓云中见若尾坠地蜿蜒屈伸者，止雨一方，谓之龙挂"。

⑤ 老渔郎：本书作者马长海自称。

⑥ 水调长：即水调歌。乐府、商调曲名。

⑦ 柳枝娘：唐文学家韩愈、白居易之宠妓皆名柳枝。这里指歌妓。

⑧ 绝妙词：元周密编《绝妙好词》，为南宋词的有名选本。

⑨ 夔州句：原注"刘宾客有石城吊古诸作"。按刘宾客即唐名诗人刘禹锡。

⑩ 菰芦：即芦苇。

⑪ 信天翁：水鸟名，相传此鸟凝立水边，等鱼过啄食，终日不移步。

敬和宝啬斋主人水仙绝句应教^① 二首

（一）

小莲花簇麝香金，
萧洒丰姿冷淡心。
秋水洞庭张乐地，
愧无锦瑟和瑶琴。

（二）

楚江澄澈见湘妃，
兰佩芝旗写细微^②。
十二云鬟飞不定，
嫩寒招得雪魂归。

① 宝啬斋：清磁州人张榕端书斋名。
② 兰佩：以兰花为佩。

潞河署斋题曹烟庐画墨菊^①

七言绝

三尺溪藤白玉光^②，

墨痕先结一篱霜。

铜瓶早借荷花气，

潞水欣看栗里香^③。

① 潞河：一作潞水，即北京通县以下的北运河。此指潞县，故城在通县东。曹烟庐：清乾隆初年人，善画水墨花卉，尤长于菊。

② 溪藤：即纸。溪，即剡溪，该地产藤可为纸，故名。

③ 栗里香：即菊花。因栗里为晋陶渊明之故居，渊明独爱菊，故称。

跋

余与汇川先生之交也以诗，汇川深思好古，而以诗终其身也。其身后无长物，惟有遗稿若干卷，惧其散失不传，而宁王殿下乃收而付之梓。相国西林鄂公且为之序，查孝廉承斋亦相与为之论次焉，汇川亦何幸而得此哉！盖其人固有不可泯没者，而王公之贤，诚亦不忍泯没之也。其诗规矩古人而不胶绳墨。往往多出奇句，超人意表。李隐君眉山①尝赠诗云："二月轻裘拥鹿皮，人间独少马清痴②。夜来灶底无烟火，自咏梅花绝调诗。"为时所推重类如此。当其存时，每一诗成，必先驰示，而余有所作，亦多就质，于是往还莫逆，而于诗之外无所短长也。嗟乎！世有如汇川而泯没不彰者众矣，则孰为之传焉。后之读汇川之诗者，当必有怆然于天地之悠悠，而慨想夫今日王公之贤，恨不与之同时也，汇川亦知之否乎？

乾隆九年岁次甲子秋九月谷旦③同学弟宗室塞尔赫顿首拜跋

① 李隐君眉山：即清诗人李锴。锴曾得官不就，偕妻隐于盘山，故称隐君。眉山为其别号。

② 马清痴：马长海，号清痴。

③ 谷旦：吉日。

跋

予初未尝为诗，从伯父大钵先生游，闻其余论，恍然辄有所得。先生论诗，以性情为主，一切斗花丽叶、蛙绿皴红之习，悉举而空之。故其诗杼轴予怀，天倪鼓舞。而自三唐[①]汉魏以上，溯乎三百篇之旨，未尝尺寸失焉。生平屏居嗜学，老而不衰。五十年来，萧寂穷愁之日，朋游燕赏之辰，砚匣笔床未尝离手。先生之诗，性情以之，直性命以之矣。然先生之诗，陶贞白[②]之白云也，只以自怡悦耳，解人未可多得，名山亦匪思存。一诗脱稿，随复散落，及身以后，残编败纸不与断碑阙鼎共销沉者，盖仅矣。惟敬斋主人缀而辑之，付诸攻木氏，于是而先生之诗传，而先生之诗益以人而传。柳子厚[③]曰："兰亭不遇右军[④]，则清流激湍芜没于空山。"地诚有之，人亦宜然。主人其先生之右军乎？抑又闻之，幽兰生于空谷，不以无人而不芳。先生固有其不朽者，主人特为传其盛耶，是与千古诗人共质之而已矣。

乾隆岁次甲子嘉平月受业侄查克殚谨跋

① 三唐：前人论唐诗者，分为初唐、盛唐（或中唐）、晚唐，通称三唐。

② 陶贞白：即陶弘景。

③ 柳子厚：唐代文学家柳宗元，字子厚。

④ 兰亭：在浙江省绍兴西南，地名兰渚，渚有亭。《水经·浙

江水注》："湖口有亭，号曰兰亭，亦曰兰上里。太守王羲之、谢安兄弟数往造焉。吴郡太守谢勖封兰亭侯，盖取此亭以为封号也。"

右军：东晋书法家、文学家王羲之。官至右军将军，世称王右军。所作《兰亭集序》记述了他和谢安等四十一位名士宴集山阴兰亭盛况，抒发志趣，文笔雅致，为后世传颂之名篇。